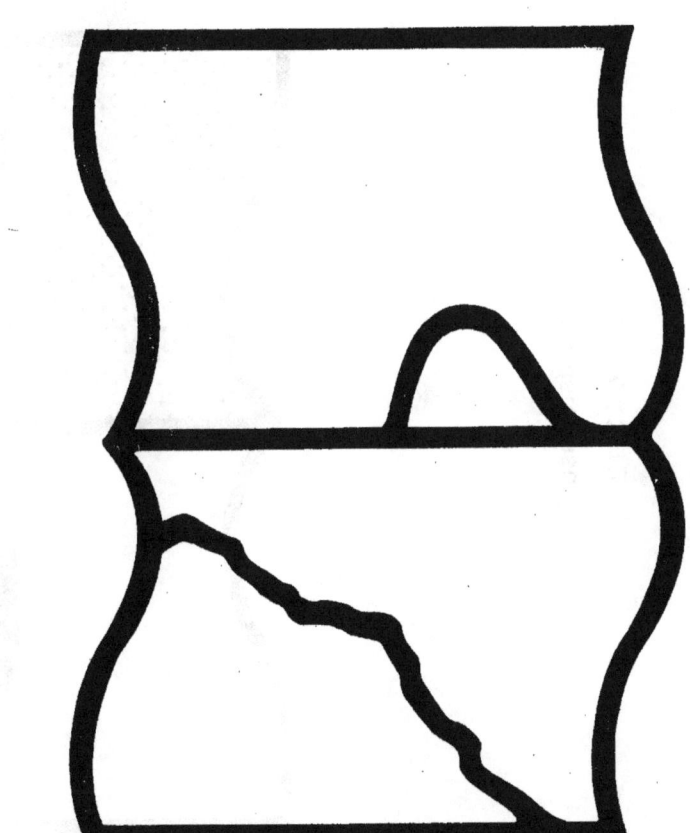

Texte détérioré — reliure défectueuse

NF Z 43-120-11

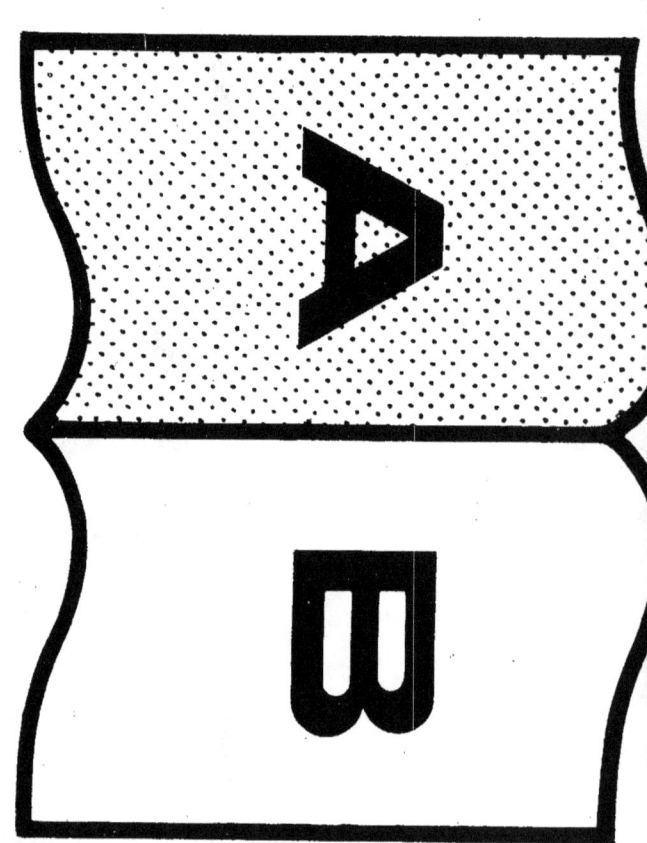

Contraste insuffisant
NF Z 43-120-14

V. 2702.
1 F.

25348

HISTOIRE
DE
LA MUSIQUE

DE L'IMPRIMERIE DE DELANCE ET LESUEUR,
rue de la Harpe, N°. 133, à Paris.

HISTOIRE

DE

LA MUSIQUE

Par C. KALKBRENNER

Membre de la Société Philotechnique de Paris, de l'Académie Royale de Musique de Stockholm, et de l'Académie Philarmonique de Bologne.

AVEC IX PLANCHES

TOME PREMIER

A PARIS

Chez AMAND KŒNIG, Libraire
quai des Augustins, N° 31

A STRASBOURG

Même Maison de Commerce, rue du Dôme, N° 26

1802

DÉDIÉ

AU

C^{EN}. CHAPTAL,

MINISTRE DE L'INTÉRIEUR,

MEMBRE DE L'INSTITUT, etc., etc.

Par son très-dévoué serviteur,

C. KALKBRENNER.

PRÉFACE.

Parmi les Sciences et les Arts qui ont fleuri dans le dix-huitième siècle, la Musique s'est distinguée par la rapidité de ses progrès : elle est parvenue à un degré de perfection ignoré des peuples de l'antiquité. Du chaos des règles et des principes est enfin sorti un système dont la clarté et la précision facilitent l'instruction du musicien. La partie scientifique de cet art fut purgée des dogmes antiques et erronés, et la partie artificielle, ou mécanique, portée à un degré au-dessus duquel il sembleroit impossible de s'élever.

Il est cependant à remarquer que les nations civilisées de l'Europe n'ont pas toutes montré la même ardeur pour coopérer aux progrès de cet art ; une seule a constamment dirigé vers ce but tous les efforts de son génie, en se dégageant de tous les liens du préjugé et de la superstition : c'est la Nation Allemande. Ce fut-elle qui, par cette application assidue qui la caractérise, parvint à discerner tout ce que les anciens systèmes avoient de faux ou de confus, et à s'illustrer par les découvertes les plus précieuses.

Lorsque en 1722, Rameau publia son Traité d'Harmonie, la France fixa un moment l'attention de ses voisins et auroit pu les laisser en arrière : malheureusement pour elle ce grand homme n'eût aucun successeur qui ait eu le talent et la noble ambition d'achever ce qu'il avoit si glorieusement commencé. Aussi la littérature musicale a-t-elle été, depuis cette époque, négligée au point que de nos jours, et de l'aveu des premiers Compositeurs, il y a peu de musiciens en France qui soient parfaitement instruits dans la théorie ou dans les parties mathématiques et physiques de la musique.

En Allemagne, le Traité de Rameau fut apprécié à sa juste valeur et produisit l'effet auquel on auroit dû s'attendre parmi les Français; il électrisa tous les grands harmonistes, et quel que fût le véritable motif qui les animoit, ils attachèrent à son examen la plus grande attention et la critique la plus sévère; insensiblement les esprits s'échauffèrent; les plumes et les presses devinrent actives, et les *Albrechtsberger*, *Bach*, *Fasch*, *Kirnberger*, *Marpurg*, *Mattheson*, *Steibe*, *Quantz* et autres perfectionnèrent ce qu'avoit fait l'harmoniste français, en dévoilant l'insuffisance de son système et les imperfections de ses principes. C'est à ces hommes célèbres que l'Allemagne est redevable des meilleurs ouvrages aesthétiques et d'un système d'harmonie, dont les règles et les principes fondamentaux offrent les résultats que la nature même nous donne et que tout observateur ne sauroit méconnoître.

Le dix-huitième siècle a vu paroître en France quelques ouvrages sur l'histoire de la musique; mais ce n'étoient que des compilations de tous les livres du seizième et du dix-septième siècle, classées sans ordre et recueillies sans jugement.

De cette manière, on peut aisément rédiger un ouvrage historique sur la musique, mais on ne sauroit opérer quelques progrès. Il se peut que dans ces temps il eût été trop dangereux d'écrire une pareille histoire en philosophe, c'est-à-dire, de distinguer le mensonge de la vérité, la superstition du bon sens, le fanatisme du vrai culte; de publier les fautes chronologiques de Moïse; de déclarer comme fables absurdes les miracles que la Bible attribue à la musique. On conçoit le péril auquel l'ouvrage et l'auteur eussent été exposés; mais alors ne valoit-il pas mieux se taire que de publier une foule d'absurdités aussi inutiles pour l'instruction des jeunes artistes, que superflues pour les hommes éclairés?

Si, pour des causes civiles et politiques, le dix-huitième siècle n'a pas permis aux Artistes Français de marcher de front avec les Allemands vers le perfectionnement de la science musicale, le dix-neuvième siècle, dégagé de toute entrave, doit offrir l'espérance de voir les Français non-seulement égaler leurs rivaux, mais devenir leurs maîtres.

Etranger par ma naissance à une nation parmi laquelle je suis venu me fixer, juste appréciateur de son génie, j'ai cherché à l'exciter en mettant sous ses yeux la carrière brillante qui lui est ouverte ; je m'estimerai heureux d'avoir pu l'encourager par quelques lumières nouvelles, et de lui avoir aidé à ajouter ce genre de gloire à tous ceux qui l'ont rendue si célèbre.

Avant d'écrire l'Histoire de la Musique, je me suis livré à une étude particulière des peuples de l'antiquité ; j'ai approfondi avec une scrupuleuse attention les ouvrages des anciens et des modernes sur le sujet que j'allois traiter. C'est aux hommes éclairés à décider jusqu'à quel point le résultat de mes recherches et méditations approche, je n'ose dire de la vérité, mais de la vraisemblance.

Je connois, plus que personne, les imperfections de mon ouvrage; mais bien des causes ne m'ont pas permis de lui donner toute l'extension dont il est susceptible. Je continuerai cependant un travail qui me tient vivement à cœur, et qui, je l'espère, doit inspirer quelque intérêt aux véritables amis des arts.

En attendant, je prie les Hommes de Lettres et les Artistes de vouloir bien m'honorer de leurs observations; je les recevrai avec reconnoissance. Ce n'est que par une communication amicale que les savans et les artistes s'instruisent, et que les Sciences et les Arts, par des progrès constans, parviennent à illustrer la nation qui les cultive.

HISTOIRE DE LA MUSIQUE.

ORIGINE DE LA MUSIQUE.

L'ORIGINE de la musique se perd dans les ténèbres de l'antiquité, et nous n'aurions eu aucune connoissance des développemens de cet art ni des instrumens qui ont été employés par les premiers peuples, si *Moïse*, l'écrivain le plus ancien que nous connoissions (1), ne nous en eût conservé quelques notices. Suivant lui, la musique

---

(1) Tout porte à croire que le monde est plus ancien que vulgairement on ne le suppose; mais quand on veut écrire l'histoire des arts, il faut, pour fixer ses époques, partir d'un point convenu; et jusqu'au moment où l'on aura bien prouvé celle du commencement du monde, l'on doit suivre la chronologie de Moïse et regarder cet historien comme le plus ancien de tous.

fut inventée avant tous les autres arts ; car, au commencement de sa chronologie des patriarches, il dit que *Mahalaléel* chanta les louanges du Seigneur ; et ensuite il cite *Jubal* comme inventeur de la musique instrumentale.

Ce que Moïse avance ne peut et ne doit être pris qu'allégoriquement : il a voulu dire que *Jubal* avoit fabriqué une sorte d'instrument qui produisoit des sons, et qui, dans la suite des temps, donna lieu à l'invention et à la création d'autres instrumens plus parfaits.

Comment se peut-il donc que les traducteurs de Moïse aient commis une erreur aussi grave pour l'histoire de l'art, en nommant *Jubal* l'inventeur de la musique ? cet honneur est dû à *Mahalaléel*, qui, le premier, célébra par ses chants l'Être suprême.

Suivant la chronologie de Moïse, *Mahalaléel* naquit vers la fin du quatrième siècle, et *Jubal* dans le septième. Par conséquent, la *musique instrumentale doit être regardée comme une imitation de la musique vocale.*

Cette opinion devient encore plus vraisemblable si l'on considère l'origine des noms. Chez les premiers hommes, les enfans ne tiroient pas toujours leur nom de celui de leur père, mais plus ordinairement des occupations auxquelles ils se livroient, et quelquefois même du lieu de leur habitation.

Nous devons à cet usage antique une infinité de noms de famille, qui ne sont autre chose que des noms de métier ou d'état, tels que *Berger*, *Boucher*, *Maréchal*, *Marchand*, *Laforêt*, *Dubois*, *Deschamps*, etc. C'est de cette origine qu'est sorti le nom de *Mahalaléel*, qui signifie un homme qui chante des louanges en l'honneur de Dieu.

Les Bibles du IX°. au XIV°. siècle, et les différentes éditions que nous avons consultées, contiennent, en parlant de *Jubal* et de son invention, des expressions bien contraires à la vraisemblance. Elles portent : que *c'est à lui que l'on doit les violons, les flûtes et les orgues* (1) : ce qui a induit en erreur bien des gens crédules, qui ne jugent que sur la foi des historiens, et qui se sont imagi-

---

(1) Les éditions de la Bible française des siècles passés sont aussi différentes entre elles, qu'elles sont contradictoires avec les Bibles allemandes, latines, grecques et arabes relativement aux dénominations des instrumens de musique. Les uns disent de Jubal : « Il fut le père de ceux » qui jouoient de la harpe et des orgues ». *Flav. Joseph*, auteur des Antiquités Judaïques, dit que Jubal inventa la musique, le psalterion et la harpe. *Calvin*, dans sa traduction, le nomme inventeur des flûtes et des fifres. D'autres disent : « de lui sont venus les violons et les flûtes. » La meilleure explication est celle de *Sacy*, qui dit que Jubal fut l'inventeur des instrumens de musique, et qu'il apprit aux hommes à en jouer.

nés que l'instrument à cordes de Jubal étoit un violon comme les nôtres.

Jubal, qui avoit l'esprit observateur, remarqua peut-être que les métaux sur lesquels *Thubalkain*, son frère, travailloit, résonnoient lorsqu'ils étoient frappés. Cette remarque lui donna l'idée d'étendre sur un morceau de bois quelques fils de métal, qui, étant pincés ou frappés, rendirent un son. Mais croire que Jubal ait inventé un instrument, qui, dans sa forme et dans sa disposition, ait eu la moindre ressemblance avec les violons, les harpes et les orgues de notre siècle, c'est commettre une erreur bien grossière, et avoir bien peu consulté les progrès de l'industrie.

Jubal a pu également observer qu'un tuyau de roseau, exposé au vent, donnoit des sons; et d'après cette découverte, il aura coupé un morceau de roseau et s'en sera fait un fifre (que beaucoup de gens ont nommé une flûte); ensuite il aura cherché à imiter ou les sons de la voix humaine, ou le chant des oiseaux (1). Supposons même que l'invention de Jubal ait excité l'esprit imitatif de quelques contemporains ou de ses successeurs, et qu'ils aient fait un fifre plus grand ou plus petit

---

(1) *Chaméléon du Pont* étoit aussi de l'opinion, que les anciens avoient imaginé la musique sur le chant des oiseaux, et que c'étoit ainsi qu'elle s'étoit formée par imitation. *Voyez* Athénée.

que celui de Jubal; qu'ils aient eu l'idée de faire quelques trous dans le corps du roseau pour donner différentes sorties à l'air dont ils le remplissoient, et qu'ils aient pris goût à la variété des sons que leur fifre produisoit; peut-on dire, sans blesser la vraisemblance, que cet instrument ait été *une flûte* telle que les nôtres ? Voilà l'idée que tout homme qui réfléchit doit se faire des inventions de Jubal.

Nous n'avons aucune connoissance exacte des instrumens qui furent employés *dans le monde primitif,* pour me servir de l'expression de *Moïse*: tout ce que d'anciens auteurs ont avancé à ce sujet, n'est fondé que sur des suppositions. *Moïse* lui-même n'en pouvoit rien dire de bien précis, étant né long-temps après la grande inondation d'une partie du globe. Il dit que tous les mortels périrent dans l'eau à l'exception de *Noë* et de sa famille qui furent sauvés, parce qu'ils avoient toujours mené une vie pieuse et exemplaire, et ne s'étoient pas rendu coupables des crimes qui avoient attiré sur les hommes la colère du ciel. Mais si ces élus ne fréquentoient pas la société de leurs voisins ou de leurs parens, et s'ils ne prenoient point de part à leurs fêtes, il en résulte qu'ils n'ont pu avoir une connoissance parfaite ni de la musique ni des instrumens de leur temps.

Moïse, en parlant du premier sacrifice que *Noë* fit au sortir de l'arche, ne fait pas mention qu'on y ait entendu aucun chant ni le son d'aucun instrument : de plus, lorsque les enfans de Noë se dispersèrent pour mener une vie nomade, nul événement ne nous fait remarquer chez eux la connoissance de la musique. Nous sommes donc autorisés à croire qu'au moment de la destruction du premier genre humain, l'art de la musique et ses instrumens ont été perdus, de même que beaucoup d'autres inventions.

Quel fut le peuple qui la recréa dans les siècles suivans ? voilà un point de recherches qui a fait perdre bien du temps aux curieux de l'histoire des arts, et qui ne pourra jamais être décidé.

L'histoire nous apprend que chez tous les peuples qui se sont formés de siècle en siècle, après le déluge, la musique a été connue et exercée par les deux sexes (1). Nous en trouvons le premier exemple dans les livres de *Moïse*, tome II, chap. 15, où il est dit qu'après que le peuple hébreu eût été délivré de la tyrannie égyptienne et après

---

(1). Les Arabes d'aujourd'hui sont peut-être les seuls qui ne doivent pas être compris dans ce principe général. Chez eux, la musique et la danse passent pour indécentes, et elles ne sont ni professées ni estimées. *Voyez* Niebuhr, descr. de l'Arabie.

son passage miraculeux de la Mer-Rouge, *Mirjam* la prophétesse se mit à la tête des femmes, ayant un *tympanon* à la main, et chanta : *Louons le Seigneur*, etc., ce que les autres femmes répétèrent en chœur (1).

Voilà encore une expression que l'on ne doit pas prendre à la lettre : car ce que les traducteurs de Moïse ont appelé un *tympanon*, n'est certainement ni le tambour ni la tymbale de nos jours ; on ne peut le comparer qu'avec le *Dœff*, dont les femmes de l'Orient se servent pour accompagner leurs chants et leurs danses. Nous connoissons cet instrument, c'est celui que nous employons dans nos ballets turcs, sous le nom de *tambour de basque.*

Puisque, depuis le déluge, l'histoire ne nomme plus d'inventeur de la musique, on peut en attribuer l'honneur à chaque peuple. Cependant les progrès de cet art furent toujours relatifs à l'état des nations. Aussi long-temps qu'un peuple vécut dans

---

(1) Dans l'Exode 15, v. 20, on lit : « Sumpsit ergo » Maria, prophetissa soror Aaron tympanum in manu sua : » egressæque sunt omnes mulieres post eam cum tym- » panis et choris. » Trad. de la Bible par Franc. Vatable, 1586. « Marie, prophétesse, sœur d'Aaron, prit donc » un tambour à sa main : toutes les femmes marchèrent » après elle avec des tambours, formant des chœurs de » musique. » Trad. de la Bible, par Sacy.

l'innocence ; que la simplicité de ses mœurs et de ses usages ne fut pas encore corrompue par ses relations avec d'autres peuples plus éclairés, une flûte de roseau, ou quelque autre instrument qui à peine mérite une telle dénomination, lui suffirent pour se livrer au sentiment de la joie et du plaisir ; et les sons les plus monotones ne lui parurent point désagréables, pourvu qu'ils l'invitassent à la danse et au chant (1). Mais lorsqu'une nation s'agrandissant se donna la forme d'un Etat, aussitôt la simplicité des usages dut l'abandonner. Ses plaisirs devinrent plus sensuels, ses fêtes plus voluptueuses, et la musique, comme ses instrumens, reçurent, par de nouvelles inventions, et plus d'étendue, et des effets plus variés. Malheureusement toutes ces inventions retomboient successivement dans l'état d'enfance et même d'oubli, lorsque ce peuple, attaqué dans ses possessions, étoit ou dispersé ou livré à l'esclavage.

Tel fut le sort de la musique chez tous les peuples de l'antiquité, les *Phœniciens*, les *Egyp-*

---

(1) L'instrument de musique des Hottentots est un petit tuyau d'ivoire, dont leurs musiciens jouent comme nous soufflons dans une clef : voilà toute leur musique religieuse et particulière. Malgré la monotonie des sons de cet instrument, une danse hottentote, que le peuple accompagne encore avec des cris continuels de *ho, ho, ho,* dure plus de deux heures.

liens, etc. : cependant elle n'a jamais été entièrement perdue ; lorsqu'elle tomboit en décadence chez un peuple, elle se recréoit chez un autre, mais elle ne put jamais atteindre un certain degré de perfection. Cet avantage étoit réservé au dix-huitième siècle, à des peuples bien gouvernés, éclairés par la raison et animés par l'amour des arts et des sciences.

Considérons maintenant l'état de cet art chez les peuples moins policés qui nous environnent, tels que les *Moldaves*, les *Valaches* et les habitans de la *Sibérie*. Leurs instrumens les plus ordinaires sont la guitare, le triangle, le chalumeau et une sorte de mauvais violon. Leur musique est monotone, dissonante et d'un caractère sauvage. Néanmoins elle flatte l'oreille de ces peuples, et leurs airs favoris produisent un si grand effet sur eux, qu'ils ne peuvent les entendre ni les chanter sans jeter de grands cris, sans battre des pieds ou claquer des mains, sans faire des sauts et sans prendre des attitudes que les nations civilisées appeleroient indécentes.

Il est à remarquer que la musique de ces peuples se caractérise par une quantité de quintes, suivies en mouvement direct, et qu'ils mettent un grand soin à bien les appuyer pour les faire sentir davantage. Ces compositions fautives, que nous ne pardonnerions pas à nos écoliers, produisent les plus grands effets chez ces peuples, tandis qu'une composition correcte de nos meilleurs musiciens ne leur fait aucune sensation.

Les *Tartares*, les *Kalmouks*, les *Ostiaks*, ainsi que les peuplades qui habitent la Sibérie, aiment la musique ; mais privés du commerce des autres peuples plus instruits qu'eux, leur manière de l'exécuter n'offre que le tableau du premier degré de cet art.

Les Tartares passent pour mettre beaucoup d'ame dans leur musique ; leurs chansons sont infiniment plus mélodieuses que celles des *Kalmouks* et des autres peuples ; et l'on peut dire, qu'entre la musique des Tartares et celle des Kalmouks, il existe la même différence qui se trouvoit autrefois entre la musique italienne et la musique française (1).

Les instrumens de ces deux peuples sont presque les mêmes, quoiqu'ils les nomment quelquefois différemment. Ils en ont de *trois espèces* : 1°. des *instrumens à vent*, comme la flûte, la cornemuse, le chalumeau et la trombe ; 2°. des *instrumens à cordes*, comme des espèces de vio-

---

(1) L'on peut voir *Pallas*, desc. de ses Voyages en Sibérie ; *J.-G. Gmelin*, durant son séjour dans ce même pays, depuis 1733-1734 ; et *Müller*, dans les détails qu'il nous a donné sur la Russie.

lons, des basses et des harpes ; 3°. des *instrumens de percussion*, tels que des cymbales et des tambours.

Cependant dans leurs fêtes et dans leurs danses, ces peuples ne font usage ni du tambour ni de la trombe, appelée *Burae*. Le tambour est l'instrument dont se servent les magiciennes de la Sibérie; elles le battent avant de commencer et en faisant leurs sortiléges. Les trombes sont faites de bois ou de cuivre, et ressemblent beaucoup aux instrumens des bergers de la Suisse. Les prêtres s'en servent les jours de fête solennelle, pour assembler le peuple autour de leurs tentes.

La flûte, appelée par les Kalmouks *Zourr*, et par les Tartares *Kurah*, est faite d'une tige d'ombellifère séchée, creusée et couverte d'un boyau. Ils percent trois trous dans le bout le plus mince de cette tige, qu'ils bouchent, ouvrent et rebouchent avec les doigts d'une seule main, suivant les sons qu'ils veulent en tirer. Ils appliquent l'ouverture du haut (qui est la plus large) contre les dents de la mâchoire supérieure, et la pressent entre la lèvre supérieure et la langue, qui doit être bien mobile pour former des sons agréables.

Leur chalumeau, appelé *Bischkour*, est fait avec le tibia ou l'os de la jambe d'un homme; le porte-vent est un bocal de cuivre.

Leurs violons diffèrent dans la forme et la

quantité de cordes dont ils sont montés. Le violon de poche des Kalmouks, appelé *Biva*, est un cylindre de bois creusé, recouvert d'une vessie et tendue comme la peau d'une caisse de tambour. On place le chevalet sur cette vessie, et on y monte des cordes de boyaux qui aboutissent à un manche fort long : l'archet est un double écheveau de crin, attaché à un petit bâton par les deux bouts ; ils en donnent de si grands coups sur les cordes, que l'on en entend toujours résonner deux à la fois.

Les Tartares ont une espèce de violon en forme de luth, qui ressemble beaucoup à nos monochordes : il est monté avec deux cordes inégales de crin de cheval, sur lesquelles on joue avec un archet. La base de l'instrument se rétrécit en dessous ; la table harmonique ne le couvre qu'à moitié, et ses sons ressemblent aux cris peu agréables du cygne.

Les Kalmouks se servent encore d'une basse à deux cordes, appelée *Khour*, et d'une harpe appelée *Jétéga* ; elle a la forme d'un demi-cercle, et est montée de 16 à 18 cordes. La *Gousli* des Tartares lui est à peu près semblable.

Les Tartares de Katschinzi ne jouent dans leurs fêtes que de la *Jettaga*. Cet instrument n'est autre chose qu'une petite caisse de sapin de 4 pieds de longueur sur 4 pouces de largeur, dont le fond forme la table harmonique : six cordes de laiton de différente grosseur sont tendues par dessus sans chevalet. Pour l'accorder, on pose sous chaque corde un petit morceau de bois que l'on avance ou recule, jusqu'à ce qu'on ait trouvé l'accord dans lequel on le joue. La petite partie forme la basse ; on joue celle-ci de la main gauche, tandis que le dessus s'exécute de la droite.

Les airs que les Tartares composent sont aussi pauvres en mélodie que ceux des Kalmouks. — Outre les Tartares et les Kalmouks, le sol immense de la Sibérie est habité par plusieurs peuplades, citées par leur adresse à monter à cheval, mais qui, dans la musique, sont aussi peu avancées que leurs voisins.

La harpe dont les *Vosguls* se servent et qu'ils appellent *Schongourt*, a la forme d'un petit canot, couvert d'une table harmonique, sur laquelle est posé un chevalet. Sept cordes de boyau sont tendues par dessus, attachées à l'un des bouts de l'instrument par une cheville qui le traverse. Le musicien tient le Schongourt sur ses genoux et le pince de la main gauche.

Les *Ostiaks*, qui sont très-renommés par la souplesse et l'agilité avec laquelle ils exécutent leurs danses imitatives et satiriques (1), ne le

---

(1) *Pallas* dit qu'ils représentent, avec beaucoup de

sont point du tout par rapport à leur musique. Leur instrument favori est le *Dernoboï* qui, à peu de chose près, a la forme d'une harpe. Il consiste en une longue caisse harmonique, garnie d'un manche qui ressemble au cou d'un cygne, avec une petite planche très-mince qui ferme l'angle du triangle que figure l'instrument ; l'intérieur de cette caisse est monté d'une trentaine de cordes. Le musicien les pince des deux mains, en pressant de temps en temps avec le pouce la petite planche, pour donner de la vibration aux cordes.

Reprenons nos recherches sur l'origine de la musique, et revenons à la famille de Noë, à sa sortie de l'arche. Ses enfans ne pouvant s'accorder entre eux, se divisèrent, et leur dispersion fut l'origine de plusieurs grands empires, tel que l'empire *Assyrien*, fondé par Assur ; le *Chaldéen*, le *Phœnicien*, *l'Egyptien*, etc. Tous ces empires brillèrent tour à tour : la seule famille d'Abraham resta privée de toute connoissance dans les arts et dans les sciences. Elle

---

souplesse et d'agilité, les allures des différens animaux et oiseaux lorsqu'on les chasse. Par d'autres danses, ils contrefont adroitement leurs voisins, en conservant toujours avec exactitude la cadence que le musicien a soin de varier d'après le sujet que le danseur veut représenter. Ils aiment beaucoup ces danses satiriques.

quitta la *Chaldée* et choisit le *Canaan* pour s'y établir, parce qu'elle y trouva de meilleurs pâturages pour ses troupeaux, et surtout la facilité de vivre séparée et éloignée de tous les autres peuples. Heureux dans leur situation, qui ne leur laissoit éprouver que les besoins physiques, il suffisoit aux Hébreux de vivre et d'agir à la manière de leurs ancêtres, c'est-à-dire, d'exister sans rien faire et de se multiplier abondamment. Cette vie fainéante et brute les corrompit graduellement ; de sorte qu'ils ne se distinguèrent des autres peuples que par l'ignorance et la superstition.

DE LA MUSIQUE
CHEZ LES HÉBREUX.

Quel sentiment auroit pu réveiller le goût des arts chez un peuple qui, comme les descendans d'Abraham, n'étoit occupé que de l'agriculture et du soin de ses troupeaux, qui n'avoit ni spectacles, ni d'autres fêtes publiques (1) ? La musique s'y trouva par conséquent dans un état d'enfance, dont elle ne put sortir que sous le règne des rois David et Salomon.

Plusieurs causes devoient nécessairement tenir le peuple Hébreux dans un état de stupidité et d'ignorance. La forme de son gouvernement, sa mauvaise législation rigoureusement respectée, et particulièrement le fanatisme de son culte religieux étoient plutôt contraires qu'avantageux

---

(1) Nous ne connoissons point de peuple qui se soit adonné aussi exclusivement à l'agriculture que les Israélites. Les Syriens, les Egyptiens et les Phœniciens en faisoient bien leur occupation, mais ils y joignoient les arts, les manufactures, le commerce, la navigation, etc.

à son instruction. Le cérémonial religieux étoit prescrit par Moïse et personne n'osoit tenter d'y introduire le plus léger changement. N'ayant reçu jusqu'à cette époque aucune instruction systématique de la musique, ils devoient chanter leurs hymnes sans aucune règle de mélodie, et ne pouvoient exprimer que le sentiment dont chacun en particulier étoit pénétré; il en résultoit que les uns chantoient souvent d'une manière tout à fait opposée à celle des autres : celui-ci haut, dans le moment que celui-là chantoit bas.

Quoique les peuples qui les environnoient fussent plus policés et plus instruits, les Hébreux ne pouvoient rien apprendre d'eux, parce qu'il ne leur étoit permis d'assister à aucun spectacle, à aucune fête des étrangers : leurs lois contenoient à cet égard les défenses les plus rigoureuses. C'étoit pour se conformer aux règles prescrites sur les purifications et sur le choix des viandes, que l'Israélite fuyoit la société des autres nations. Il supposoit que l'étranger qu'il rencontroit avoit mangé du porc ou de quelques victimes offertes aux idoles, ou qu'il avoit touché quelque bête immonde; il n'osoit ni manger avec lui, ni même entrer dans son habitation.

Les Hébreux possédoient à la vérité dans ce temps quelques instrumens, qu'ils avoient probablement reçus des Egyptiens et dont ils se servoient à la guerre, dans les cérémonies religieuses, et en général dans toutes les occasions où ils devoient témoigner de la tristesse ou de la joie. Mais ils étoient trop superstitieux, leur génie se trouvoit trop borné par les dogmes de leur religion, pour pouvoir perfectionner leurs foibles connoissances, ou pour être en état d'inventer de nouveaux instrumens.

Dans les fêtes conjugales, ils conduisoient les jeunes époux au son des instrumens jusques au lit nuptial, et leurs chants étoient accompagnés de danses modestes, qui n'étoient qu'un mouvement uniforme, semblable à la danse religieuse des Grecs.

Dans les temps de grandes afflictions, ils faisoient venir des femmes, qu'on nommoit *Pleureuses* (1) : ces femmes avoient le talent d'exciter le peuple à verser des larmes, quand d'une voix lamentable, et en se frappant la poitrine, elles faisoient retentir l'air de sons lugubres ; elles étoient ordinairement accompagnées par des musiciens qui jouoient de la flûte.

---

(1) *Voyez* les livres de Saint Jérémie, chap. 9 : cherchez avec soin etc. ; de même les livres de Saint Mathieu, chap. 9, v. 23. Cet usage judaïque de louer des joueurs d'instrumens, des chanteurs et des pleureuses à la mort des proches parens, surtout chez les personnes riches, s'est aussi introduit et pratiqué depuis chez les Chrétiens.

Par leurs guerres fréquentes avec les Ammonites et les Edomites, les Hébreux parvinrent à s'enrichir de quelques connoissances, car les Edomites étoient dès-lors renommés par leur commerce, leur industrie, leurs progrès dans les sciences et les arts ; mais, comme nous l'avons dit, la situation des Hébreux ne leur permettoit pas d'étendre leurs lumières, et l'art de la musique surtout, ne pouvoit acquérir chez eux aucune perfection.

Ce n'est que de l'époque où David monta sur le trône d'Israël (l'an du monde 2890), que l'on peut dater le moment où les arts acquîrent quelque considération politique. Ce roi, si fameux dans l'histoire des Juifs, réunissoit les talens de la musique à ceux de la poësie. Ses pseaumes ont été admirés par les philosophes de toutes les nations éclairées. Il n'en est pas de même de son habileté à jouer de la harpe, que l'on est fondé à révoquer en doute. Les auteurs anciens nous parlent des effets prodigieux que cet instrument produisoit sous ses doigts ; mais tout homme judicieux ne sauroit y voir rien de surnaturel. En voici un exemple : Saül, d'un caractère sombre et mélancolique, faisoit souvent venir David pour l'entendre chanter et pincer de la harpe. Ce roi, qui n'avoit jamais appris la musique, fut si charmé des talens du jeune homme, la douce harmonie de ses sons fit une si grande impression sur lui, que ses noires idées se dissipèrent, qu'il devint moins triste et plus sociable.

Les Hébreux donnant au *mal* le nom de *Démon*, et au *bien* celui de *Seigneur* ou de *Dieu*, c'est ce qui a fait dire à beaucoup de traducteurs : « que Saül avoit été possédé et tourmenté par le » *Diable*, et que David l'en avoit délivré par les » sons mélodieux de sa harpe ».

Flav. Joseph lui-même n'est pas exempt d'erreurs aussi absurdes, car il nous raconte dans son histoire (1), que pour dissiper la sombre mélancolie de Saül, les médecins lui avoient ordonné de se faire chanter des hymnes accompagnés de la harpe. « Le roi, dit Fl. Joseph, fit » chercher parmi ses sujets un musicien habile, » et l'on ne trouva que David, gardien de ses » troupeaux, qui sût chanter en s'accompagnant » de cet instrument ». C'est-à-dire, qu'il savoit s'accompagner d'un instrument à cordes, que par conjecture les modernes ont appelé harpe. Joseph avance un fait contraire à la vérité, puisque 1°. l'usage d'accompagner le chant avec un instrument étoit connu chez tous les peuples et même chez les Juifs (2) ; 2°. que le chant accompagné de

---

(1) Voyez les antiquités judaïques.

(2) Après la défaite de Goliath, des troupes de femmes

la harpe étoit généralement connu du temps de Saül, puisque ses médecins n'en ignoroient pas le charme; 3°. qu'il n'est pas probable que David eût appris seul à jouer de la harpe, puisqu'il est certain qu'il n'a point inventé d'instrument et qu'il n'a jamais fait la plus légère découverte dans l'art de la musique.

Doué de toutes les qualités requises pour être le réformateur de son peuple, ce roi chercha d'abord à bien s'assurer la possession de son empire, en faisant une guerre à mort à tous ses voisins, qu'il parvint à vaincre et à dépouiller de leurs États.

David employa l'art de la musique et de la poësie pour exalter l'esprit crédule et superstitieux de sa nation; il y réussit parfaitement. Aucun peuple de la terre n'a été plus insociable, plus féroce et plus sanguinaire que le peuple d'Israël, surnommé le peuple de Dieu. Les Israélites vainqueurs, faisoient un massacre général de tous leurs ennemis. Dans la religion juive, on ne connoissoit ni pitié, ni sentiment d'humanité; l'enfant à peine sorti du sein de sa mère, le vieillard conduit par l'infirmité au bord du tombeau n'étoient pas même épargnés; pour offrir un

---

et de filles vinrent au devant du vainqueur, dansant et chantant au son des cymbales et des tambours de basque.

encens agréable au Dieu des Juifs, il falloit exterminer tous les individus d'une nation qui avoit eu le malheur de leur déplaire.

Après avoir arrosé la terre du sang des humains, David, au déclin de ses jours, commença à s'occuper sérieusement de former pour l'exercice de la religion un rituel, dans lequel la musique et la poësie furent considérées comme inhérentes au culte. Il semble que ce prince, en composant son plan de cérémonial religieux, n'a fait que copier le culte des Syriens; car si l'on doit s'en rapporter aux anciennes relations, on trouve dans le culte des deux peuples tant de ressemblance, qu'il paroît plus que vraisemblable que David, au lieu de créer, n'a été qu'imitateur.

Au surplus, le plan de David étoit d'une majesté imposante et digne de l'objet qu'il vouloit célébrer. Il désigna 4000 lévites pour chanter et jouer dans le temple (1). Ce corps nombreux fut

---

(1) La famille de Lévi étoit déjà destinée par Moïse aux honneurs de servir dans le temple, dans les sacrifices et dans les fêtes. Lorsque David l'admit à ces fonctions, cette tribu étoit au nombre de 38,000 hommes; 6000 furent nommés surveillans et juges de tout ce qui se passoit dans la tribu et dans le temple; 4000 furent chargés de garder les portes extérieures et intérieures du temple; 4000

divisé en 24 classes ; 288 maîtres y enseignoient le chant et la musique instrumentale : les trois virtuoses les plus célèbres de ce temps, *Assaph*, *Héman* et *Jédithum* étoient chefs d'orchestre, et la direction générale de la musique étoit conférée à *Chonénias*, homme très-instruit et très-sage. *Assaph* jouoit fort bien des cymbales harmonieuses ; *Héman* étoit le plus renommé pour la trompette, et *Jédithum* excelloit sur la guitare. Cependant, dans la fête de l'inauguration du temple, ces trois maîtres de musique jouoient des cymbales d'airain, et étoient subordonnés à Chonénias, chef des Lévites.

Ceux qui désireroient connoître la manière dont David avoit partagé entre tous ces Lévites les divers instrumens qu'il avoit consacrés à l'usage du temple, pourront en lire la description dans les *Paralipomènes*, liv. I, chap. 15 et 16 ; de même, liv. II, chap. 23 et 35. Les instrumens cités dans ces chapitres sont : la lyre, la guitare, la timbale, les cymbales, les trompettes, le nablim, l'orgue, le psalterion, le luth, etc. Mais il est bien important de se méfier des expressions de ceux qui ont interprété le vieux testament, parce que faute de connoître les instrumens de

---

formèrent une école de musique vocale et instrumentale ; quelques milliers furent destinés aux sacrifices, etc., etc.

musique du temple de Jérusalem, et ne pouvant même pas toujours comprendre le véritable sens du manuscrit Hébreu, ils se sont tirés d'embarras, en donnant à un instrument du temps de David le nom d'un instrument qui ne fut inventé que près de deux mille ans après. Voilà pourquoi les traductions de la bible sont si différentes les unes des autres, et que nous trouvons dans celle-ci *une flûte*, quand celle-là, plus ancienne ou plus moderne, nomme le même instrument *flageolet* ou *chœur ; nablim ou nebel ; orgue*, etc., etc.

La confusion devient encore plus grande, lorsqu'on compare les différentes traductions des bibles hébraïques et grecques avec les bibles latines, françaises et allemandes. Combien de fois ne rencontre-t-on pas dans l'une le nom de *trombone*, dans l'autre celui de *trompette*, où dans l'original il n'est question que d'une *corne de belier !* Les interprètes ont même méconnu les titres de quelques pseaumes ; ils ont traduit par *octave* ou chant du huitième ton, ce qui dans le texte original ne signifie qu'un *instrument à huit cordes*, avec lequel le pseaume étoit accompagné.

L'instrument hébreu qui a donné lieu aux plus grandes erreurs, est le nablim ou la lyre (1). Ce

---

(1) Les auteurs anciens sont tous en contradiction sur la forme de cet instrument ; les poëtes ont beaucoup con-

mot signifioit originairement *un vase creux* : les *Septante* l'ont adopté et rendu par nablim, de même que les Syriens et les Arabes, quand les traducteurs de la *Vulgate* l'ont rendu par orgue. D'autres l'ont nommé luth, cornemuse, pandura, psalterion, etc., etc. Comment trouver la vérité parmi de pareilles contradictions ?

Quelques traducteurs des livres de Moïse ont poussé l'erreur encore plus loin, en faisant mention de *violons* et de *hautbois*, dont à coup sûr David et toute la Judée avoient aussi peu de connoissance que nous en avions, il y a trois siècles, d'une quatrième partie du monde. Il seroit à peu près aussi difficile de nous dire quelle jambe David leva la première, lorsqu'il dansa et joua devant l'arche d'alliance.

Le corps nombreux des Lévites destinés au service du temple, étoit obligé d'y exécuter journellement des pseaumes et des cantiques, et d'ajouter ainsi plus d'éclat à la majesté des cérémonies religieuses.

Quelques écrivains anciens prétendent qu'au *premier jour* de la semaine, les Lévites exécutoient le 24e. pseaume ; au *second*, le 48e ; au

---

tribué à rendre la confusion complète en le nommant tantôt *nablim*, tantôt *lyre*, *chelyn*, *guitare*, etc., etc. *Voyez* Montfaucon, Salomon Van Til, et le Dict. d'antiq. par Schœttgen.

troisième, le 82ᵉ ; au *quatrième*, le 94ᵉ ; au *cinquième*, le 81ᵉ ; au *sixième*, le 93ᵉ ; et au *septième jour*, qui étoit le jour du sabbat, le 92ᵉ. Que pendant les sacrifices l'on exécutoit le matin le pseaume 105, et l'après-midi le pseaume 106 ; que dans les jours de la nouvelle lune, ils chantoient depuis le pseaume 113 jusqu'au 118, et qu'il y avoit des pseaumes et des cantiques particulièrement consacrés à chaque fête, à chaque événement qui produisoit la joie ou l'affliction.

David ne laissa échapper aucune occasion de donner un bon exemple au peuple et de montrer le plus profond respect pour le culte, en chantant et jouant publiquement de sa harpe, pour honorer et glorifier le Dieu d'Israël. Lors de la translation de l'arche d'alliance dans le temple, il se mit à la tête des musiciens, et, se livrant à tous les excès de l'enthousiasme, il chanta et dansa le long du chemin, pour exalter le peuple et en imposer par là aux partisans de Saül (1).

Il se trouve dans la Bible plusieurs passages qui nous font présumer qu'indépendamment de la musique du temple, David a eu aussi une

---

(1) *Michol*, fille de Saül, se mit par hasard à la fenêtre lorsque le cortége passoit, et voyant que le roi David sautoit et dansoit comme un possédé, elle en fut si choquée que, dès ce moment, elle le méprisa autant qu'elle l'avoit aimé.

musique de Cour. Nous en voyons un exemple dans les livres de Samuel, qui cite la réponse que *Barzellaï* fit à l'invitation que lui adressa David, de venir à sa Cour. Un autre, dans *Syrac*, « garde-toi de prendre plaisir à écouter la chan- » teuse, de peur qu'elle ne t'enchaîne par ses » charmes ». On peut encore consulter l'Ecclésiaste au chapitre 9. Ces exemples peuvent suffire pour constater que David a eu à sa Cour une musique particulière ; mais il nous est impossible de nous faire une idée juste de ce qu'elle étoit. Cependant, lorsque l'on considère l'empire naissant des Hébreux, et le degré d'imperfection où les arts se trouvoient vers ce temps, on est fondé à croire que cette musique de Cour a été bien simple, bien différente de celle de nos concerts.

Salomon, à son avénement au trône (l'an du monde 2930), confirma et fit exécuter toutes les dispositions et ordonnances de son père pour la construction d'un nouveau temple. Jouissant d'une paix profonde dans l'intérieur de son royaume, également craint et estimé des rois d'Arabie, d'Égypte, etc., il construisit un édifice qui, pour la grandeur et les richesses immenses qu'il renfermoit, n'avoit point de pareil au monde. Salomon augmenta encore le nombre des musiciens du temple, et établit 120 Lévites pour sonner de la trompette. Il leur assigna une place à côté du grand autel ; leurs fonctions étoient de faire remarquer et d'annoncer, par une sanfare générale, les différentes divisions du cérémonial religieux (1).

La musique dans le temple de Salomon étoit donc composée de 4412 musiciens : c'est, sans doute, l'orchestre le plus nombreux qui ait jamais existé.

Dans les *Paralipomènes* se trouvent plusieurs passages qui font mention de l'habileté de ces Lévites et de leurs talens merveilleux. Les anciens interprètes, dans la description de l'inauguration du temple de Jérusalem (an du monde 2940),

---

(1) L'historien Flav. Joseph n'omettoit rien pour élever les rois d'Israël au-dessus de tous les autres hommes. Lisons les merveilles qu'il nous raconte de Salomon. «Ce » roi a composé 5000 livres de cantiques et 3000 de pa- » raboles. » Quelle fécondité ! Cet auteur nous apprend aussi que Salomon connoissoit tous les animaux de la terre ; qu'il avoit écrit une *Histoire naturelle*, et qu'il avoit composé un remède pour chasser les démons. Et quel mangeur que ce Salomon ! Joseph lui fait fournir journellement pour le besoin de sa cuisine, « 30 mesures de » fleur de farine ; 60 mesures de farine ordinaire ; 10 bœufs » gras, 20 bœufs tirés des pâturages ; 100 agneaux gras, et une » immense quantité de gibier et de poissons. » Dans la description des magasins d'habits et d'instrumens de musique, Joseph nous donne une preuve nouvelle qu'il fait peu de cas de quelques chiffres de plus ou de moins. Il fait faire

nous racontent : « Que tant de milliers de musi-
» ciens exécutoient avec un ensemble si parfait,
» que l'on auroit cru n'entendre qu'un seul homme
» qui sonnoit de la trompette et une seule voix
» qui chantoit les louanges du Seigneur ». Ce
jugement des écrivains hébreux, mal expliqué
dans le moyen âge, a induit en erreur beaucoup
de monde. Voici comment se trouve la description de cette grande solennité dans la Chronique, chap. 5.

« Les Lévites, ainsi que les chanteurs, c'est-à-
» dire, ceux qui étoient sous la direction particu-

« des étoles de lin pour les sacrificateurs, avec 10,000 cein-
» tures de pourpre ; 200,000 étoles de lin pour les Lévites
» qui chantoient et accompagnoient les pseaumes » (chacun avoit donc une garde-robe de 50 étoles) ; « 200,000 trom-
» pettes, ainsi que Moïse l'avoit ordonné ». (Il faut avouer que Flav. Joseph étoit ou bien vain ou bien crédule, pour ne pas daigner nous indiquer le chapitre des écrits de Moïse qui contient cette ordonnance). « 40,000 instrumens
» de musique, comme harpes, psalterions et autres, faits
» d'une composition d'or et d'argent, etc. ».

Bonnet, en écrivant l'histoire de la musique, a non-seulement copié les mensonges de Flav. Joseph, mais il les a amplifiés. Il dit : « que le nombre des Lévites dans le
» temple étoit de 24,000. Que dans les souterrains il y
» avoit 100,000 crochets pour suspendre les instrumens ».
De quelle autorité tenoit-il de pareilles assertions ?

» lière d'Assaph, d'Héman et de Jédithum, avec
» leurs enfans (leurs élèves) et leurs parens, re-
» vêtus de lin (1), faisoient retentir l'air du son
» de leurs timbales, de leurs psalterions (2), de
» leurs guitares, et étoient placés à l'orient de
» l'autel avec 120 prêtres qui sonnoient de la
» trompette ». V. 13. « Comme ils chantoient tous
» en même temps, accompagnés des trompettes,
» des timbales, des orgues et de divers autres
» instrumens de musique, et qu'ils élevoient
» extrêmement la voix, on les entendoit de fort
» loin ».

Ce que la Bible dit dans ce passage, a été mal

---

(1) Il y avoit deux espèces de ces habits de prêtre; l'une d'une étoffe de soie brodée, étoit l'habillement du grand prêtre ou grand sacrificateur; l'autre simplement de lin, servoit d'habillement aux Lévites. Samuël lui-même porta dès son enfance ce dernier habit.

(2) C'étoit un instrument à dix cordes qui avoit quelque ressemblance avec les anciennes harpes; il avoit aussi, outre la planche du fond, une table harmonique, en quoi il se distinguoit de la cithare, qui n'avoit qu'une planche de fond. Saint Augustin dit : « Psalterium habuisse supe-
» riore in parte sonorum, quasi tympanum, cui nervorum
» teries incumbat, ut meliorem sonum reddat, quod
» lignum in cithara inferius est. » Le psalterion des Perses, en forme de la lettre grecque Δ, n'avoit que six cordes, et étoit joué avec les doigts ou avec le plectre. *Voyez* Bonani, cab. am.

à propos attribué aux connoissances et aux talens de ces prêtres. Plusieurs auteurs modernes ayant, sans examen, suivi ces traductions, il n'est pas étonnant de trouver des personnes assez crédules, pour penser que l'exécution de la musique dans le temple de Jérusalem étoit aussi parfaite que celle du meilleur orchestre de nos jours. Nous pouvons bien croire qu'un cantique exécuté par tant de milliers de musiciens, a dû produire un grand effet sur ce peuple ignorant; mais nous ne craignons pas de nous tromper en avançant, que c'étoit plutôt un bruit confus d'instrumens sonores qui accompagnoient des cris et des hurlemens, qu'une bonne musique dont on auroit pu distinguer et admirer les détails.

Voici les raisons qui semblent appuyer cette opinion. Nous avons dit que, jusqu'à David, les Juifs avoient été plongés dans la plus profonde ignorance. Ce roi, cherchant à adoucir les mœurs de son peuple et à lui donner du goût pour les beaux arts, fit fabriquer chez d'autres nations les instrumens de musique dont il vouloit se servir dans le temple (1). Avant d'avoir des musiciens,

---

(1) Pendant le règne de David, les Juifs avoient fait si peu de progrès dans les arts et métiers, que Salomon fut obligé d'emprunter du roi de Tyr, des maîtres maçons, menuisiers, etc., avouant lui-même que ses sujets ne savoient pas aussi-bien tailler et travailler que les Sidoniens. Il fi

il falloit les faire instruire ; c'est pour cela que David créa une école de musique, dans laquelle ceux de la tribu de Lévi vinrent apprendre cet art. Mais quel est le degré de perfection auquel un peuple grossier peut parvenir dans l'espace de dix ou quinze ans, surtout lorsque son mode d'enseignement est sans principes bien établis ? Quel a donc pu être le talent d'exécution de ces Lévites ? Ajoutons encore à ces observations que, du temps de David, on n'avoit nulle idée des notes, de la mesure, du mouvement, ni de ce qui nous est indispensable pour noter ou pour exécuter un morceau de musique, ne fût-il que de quatre mesures.

Tous les auteurs qui ont écrit sur la musique

---

aussi venir d'excellens fondeurs. Ce furent les deux fameux artistes *Béséléel* et *Ooliab* qui fabriquèrent le tabernacle et tout ce qui étoit nécessaire dans le temple. Moïse dit que ces deux hommes étoient très-habiles dans différens arts ; qu'ils savoient tailler et graver les pierres précieuses ; qu'ils étoient à la fois parfumeurs, brodeurs, tapissiers, et menuisiers. Mais il ne paroît pas qu'ils aient eu des successeurs ; car jusqu'au temps des rois, il n'y eut pas dans Israël d'artistes de profession qui travaillassent pour le public. D'après ces faits peut-on supposer que les Juifs aient su fabriquer des instrumens de musique ? *Voyez* la Chronique, lib. **I**, cap. 23.

des Hébreux pensent que ce peuple n'a pas connu *l'écriture des notes* (1); ils croient cependant que les points au-dessus et au-dessous des paroles de leurs cantiques, avoient un sens relatif à la qualité, à la durée et à la hauteur du son. Tout ce qui auroit pu servir à l'intelligence de ces signes a été perdu; les Rabins eux-mêmes n'en ont aucune connoissance, cela n'empêche pas que leurs instituteurs se donnent beaucoup de peine dans les écoles pour les expliquer à leurs élèves, qui n'en comprennent et n'en retiennent rien, parce que le maître, manquant lui-même de principes, et par conséquent de système, se contredit à chaque instant (2).

Voilà sans doute la source de cette grande différence que l'on remarque dans la manière de chanter les cantiques parmi les Juifs des divers

---

(1) *Voyez* sur la musique sacrée, par Adam Erd. Miri. Kircheri Musurg. et Zarlinus de accentu gram. rhet. et musico.

(2) Il ne faut pas confondre les signes et les traits qui peuvent avoir un sens relatif à la déclamation musicale, avec les points et les traits qui caractérisent les lettres et les mots hébreux. Ces derniers nous sont connus et sont toujours restés les mêmes. La langue hébraïque et la langue arabe sont peut être les seules des langues anciennes qui aient conservé leur pureté et leur originalité; on

pays. Les Juifs espagnols lisent et chantent leurs pseaumes bien différemment que les Juifs hollandais; les Juifs romains autrement que les Juifs de la Prusse et de la Hesse, et tous croient chanter comme on chantoit dans le temple de Jérusalem.

Ayant fait connoître les raisons que l'on a de douter que leur musique ait pu être agréable et savante, il nous reste à examiner leur mode d'exécution par rapport aux genres et aux effets. L'on peut supposer que le chant principal de leurs cantiques avoit quelque ressemblance avec le plain-chant du moyen âge; mais il faut se méfier des effets extraordinaires qu'on lui attribue. D'abord leur chant perdoit infiniment de sa dignité par l'accompagnement rauque des instrumens que David avoit introduits; il n'avoit plus cette belle simplicité que nous admirons dans les musiques composées pour les cérémonies religieuses de l'é-

---

peut s'en convaincre en les comparant à leurs livres fondamentaux, tels que le vieux Testament pour les Juifs, et le Coran pour les Arabes. Ces ouvrages écrits avec exactitude, élégance et dignité, ont toujours été traités avec respect et regardés comme des modèles de style et de langage. C'est pour ces raisons que l'écriture, l'ortographe et le style de l'hébreu et de l'arabe sont restés conformes au langage ancien de ces deux peuples.

glise chrétienne, et que nous imitons avec le plus grand succès sur nos théâtres lyriques.

Les auteurs qui ont décrit ce qui avoit rapport à la musique du temple de Jérusalem, ont parlé d'une manière incertaine et même contradictoire sur l'exécution des hymnes et cantiques : plusieurs assurent que « les livres de Moïse étoient chantés » d'une voix ronde; que les livres des prophètes » l'étoient avec un accent pathétique; les pseau- » mes avec une voix inspirée; le cantique des » cantiques avec joie et alégresse; l'ecclésiaste » avec un ton de sévérité ». Ces écrivains ajoutent qu'il étoit ordonné aux Lévites d'observer strictement cet ordre d'exécution, sans s'y permettre le plus léger changement.

Quelques auteurs ont avancé que les Hébreux ne chantoient pas les hymnes, mais qu'ils les lisoient d'une manière mélodieuse, qui tenoit le milieu entre le parler et le chant. Cette assertion paroît peu vraisemblable.

Malheureusement pour la musique et pour la poësie chez les Israélites, ce temps si propice aux progrès des arts ne dura que jusqu'à la mort de Salomon : les factions qui commencèrent alors à troubler la tranquillité publique, bouleversèrent bientôt un empire à peine organisé. Le peuple hébreu se divisa en deux parties, dont l'une forma le royaume d'Israël et l'autre celui de Juda.

Cette révolution devint funeste aux arts. Elle influa sur les opinions religieuses des Israélites, qui aussitôt abandonnèrent le culte et le cérémonial de Moïse et de David, pour introduire dans leurs temples le culte païen et l'adoration des idoles.

La musique ainsi que les autres arts et sciences, ne pouvoient échapper au sort qui leur est réservé, lorsqu'un peuple policé change de gouvernement et de religion; changement dont la suite inévitable est l'immoralité et la barbarie. Les Israélites l'éprouvèrent. Leurs mœurs se corrompirent de jour en jour; l'habileté dans les arts et l'application aux sciences ne trouvant plus d'encouragement ni de récompense, furent négligées. Cette nation abrutie ne pouvant résister à ses ennemis, perdit son état politique, tomba dans l'esclavage et dans l'abjection.

Dans le royaume de Juda, la musique et les arts furent respectés et maintenus dans leur dignité, parce que les Juifs conservèrent le culte prescrit par David. Cependant l'on aperçut quelquefois chez ce peuple, et surtout chez ses rois, un penchant pour le paganisme, plus attrayant en ce qu'il favorisoit davantage ses passions; et l'on remarqua en lui avec la décadence des mœurs, une sorte d'indifférence et de mépris pour les arts.

Il semble que sous le règne de *Josaphat* le peuple de Juda chercha à recouvrer son ancienne splendeur : on le vit combattre le paganisme, abolir l'adoration des idoles, et reprendre sa religion primitive; mais il ne conserva que peu d'années ces bonnes dispositions. Le fils de Josaphat, à son avénement au trône, détruisit toutes les bonnes institutions politiques et religieuses que son père avoit fondées. Ayant épousé *Athalie*, princesse païenne, l'idolâtrie devint générale à la Cour et se communiqua au peuple. Les sentimens qui entretiennent les bonnes mœurs se perdirent avec la piété; la musique et la poësie se virent dégradées par l'emploi que l'on en fit dans l'adoration des idoles. Dès ce moment, la paix et le bonheur disparurent pour les Hébreux : pendant les 800 ans qui précédèrent leur dispersion générale sur la surface de la terre, ils éprouvèrent tous les malheurs dont un peuple peut être accablé.

L'événement le plus funeste et le plus remarquable de ces temps, est la prise de Jérusalem par *Sésostris*, roi d'Égypte, an 3064, où la ville fut mise au pillage par l'armée ennemie.

Flav. Joseph prétend qu'Hérodote s'est trompé en attribuant la première prise de Jérusalem à Sésostris; il dit : « Ce fut *Susac*, roi d'Égypte, » qui, dans la cinquième année du règne de *Ro-*

» *boäm,* successeur de Salomon, entra dans le
» pays des Israélites avec 1200 chariots, 60,000
» cavaliers et 400,000 fantassins, pour assiéger
» Jérusalem, qui se rendit par capitulation. *Susac,*
» au mépris des traités, fit piller le temple et le
» palais du roi, enleva non-seulement tous les
» effets d'or et d'argent, mais tout ce qui eut
» quelque prix à ses yeux ».

L'an 3436 les Juifs furent vaincus et leur royaume passa sous la domination de *Nabuchodonosor,* roi de Babylone, qui laissa un vice-roi dans Jérusalem. La conduite de ce vice-roi excita la colère de son maître qui, dix ans après, revint avec une armée formidable attaquer Jérusalem et la prit après un siége de deux ans. La ville fut entièrement ruinée; les Babyloniens mirent le feu au palais, au temple et à tous les édifices; ils démolirent les murs de la ville, et emmenèrent en esclavage tous les habitans.

Flav. Joseph assure que ce fut en l'an du monde 3513, au dixième jour du septième mois, que Nabuchodonosor prit Jérusalem, et que ce roi fit trancher la tête au grand sacrificateur, ainsi qu'à beaucoup d'autres personnes distinguées.

Pendant les 70 ans que dura la captivité des Juifs, ils reconnurent, mais trop tard, leurs erreurs, et s'en repentirent bien sincèrement, s'il faut en juger par les cantiques lamentables qu'ils chantoient dans ce temps, en s'accompagnant de la cithare.

En l'an 3516, le *roi Cyrus* rendit la liberté aux Juifs, et les renvoya en Judée avec la permission de rebâtir Jérusalem et leur temple. Dans ces momens heureux ils se flattoient de l'espoir de recouvrer leur état politique et leur ancienne splendeur; mais leurs maux n'étoient pas finis.

En l'an 3886, *Antiochus Epiphanes* s'empara de la nouvelle Jérusalem et en ordonna le pillage. Judas Machabée la reconquit peu de temps après; cependant les arts et les sciences ne purent se relever de leur anéantissement; le peuple, agité sans cesse par des divisions intestines et des guerres extérieures, s'affoiblit de plus en plus et avança sa perte.

Sous *Pompée*, l'an de Rome 690, les *Romains* commirent à Jérusalem des désordres sans exemple. Mais la misère des Juifs fut à son comble lorsque *Titus* arriva avec son armée (1) : il assiégea la ville dans le temps de Pâques où toutes les tribus assemblées augmentoient encore le nombre de ses habitans. Après quatre mois de blocus, elle fut prise et le temple brûlé; Titus l'abandonna à la fureur de ses soldats qui la réduisirent en cendres.

---

(1) En l'an 70 de l'ère chrétienne.

Cette nouvelle destruction de Jérusalem mit fin à l'empire de Juda.

Ce fut à cette époque que se perdirent les instrumens de musique des Juifs ; il ne nous reste donc que des conjectures sur leurs formes et sur leur qualité.

Quelques commentateurs ont cru les reconnoître et les retrouver dans les instrumens des Orientaux (1). Quoique cette ressemblance ne puisse être entièrement prouvée, elle est cependant assez vraisemblable, en ce que les Hébreux n'avoient pas inventé ni fabriqué leurs instrumens de musique, mais qu'ils les avoient pris chez les Égyptiens et les autres peuples voisins : toutefois il seroit peu raisonnable d'imaginer que les instrumens des Orientaux n'aient pas éprouvé des changemens dans leurs formes, et qu'ils soient encore tels qu'ils étoient il y a deux mille ans, ou tels que les Hébreux s'en servoient dans le temple de Jérusalem.

Nous savons positivement que les Juifs ont eu *trois espèces* d'instrumens de musique : *des instrumens à cordes, des instrumens à vent*, et *des instrumens de percussion.* Tous les auteurs de l'antiquité, comme *Moïse, David, Daniel, Samuel,*

---

(1) *Voyez* Pfeiffer, sur la musique des Hébreux, et Niebuhr, Voyage dans l'Orient.

DE LA MUSIQUE. 41

sont d'accord sur ce point, et les pseaumes 149 et 150 contiennent une liste de ces instrumens (1).

Essayons de les décrire d'après les documens qui nous sont restés, puisqu'il n'est plus possible

---

(1) Pour l'intelligence de cette histoire, nous allons extraire quelques passages d'une édition ancienne de la Bible, de celle du moyen âge et de la traduction moderne par Sacy.

BIBLE ANCIENNE.	BIBLE du MOYEN AGE, par Calvin.	BIBLE MODERNE, PAR SACY.
Ps. 149. Laudent nomen ejus in *choro*, in *tympano*, et *cithara* psallant ei.	Laudent nomen ejus in choro, in tympano et psalterio psallant ei.	Qu'ils louent son nom par de saints concerts, qu'ils célèbrent ses louanges avec le tambour et avec l'instrument à 10 *cordes*.
Ps. 150. Laudate eum. In sono tube, in *psalterio* et *cithara*.	Laudate eum in clangore buccin, in nebel et cithara.	Louez-le au son de la trompette. Louez-le avec l'instrument à 10 cordes et avec la harpe, avec
V. 4. In tympano et choro, in cordis et organo.	In tympano et fistula, in fidio et organo.	le tambour et la flûte, avec le luth et avec l'orgue.
V. 5. In cymbalis bene sonantibus, in cymbalis jubilationis.	In cymbalis sonoris in cymbalis jubilationis.	Avec les cymbales d'un son éclatant : avec des cymbales d'un son gai et agréable.

On pourra confronter ces passages avec les traductions et les différentes éditions qui ont été publiées de siècle en siècle, en Allemand, en Anglais, en Hollandais et en Bohémien.

de le faire d'après nature. Par respect pour la Bible, pour ses commentateurs et ses traducteurs, nous voulons bien croire que les instrumens ci-après dénommés ont été connus et pratiqués chez les Juifs ; mais gardons-nous de nous laisser séduire par tout ce qu'on nous raconte de l'antiquité, et de les supposer plus parfaits qu'ils ne l'étoient réellement.

INSTRUMENS A CORDES.

Ils en avoient de trois espèces : la première ressembloit aux *psalterions* et aux *sambuques* ; la seconde aux *harpes* et à la *lyre* des Grecs ; la troisième étoit une espèce de *cithare*, que l'on a faussement nommé *violon*.

L'instrument de la première espèce étoit le *kinnor*, en grec *kinnyra*, qui, d'après la description de Saint Jérôme, avoit la figure d'un Δ et qui étoit monté de 24 cordes (1). L'autre description hébraïque du livre Schilte Haggeborin, donne au

---

(1) Il est plus que vraisemblable que la soi-disant harpe de David étoit le *kinnor*, qui, dans la suite, a donné lieu à l'invention de la guitare, de la harpe, du clavecin et du pantalcon. — M. de Laborde avoit tort d'en attribuer

kinnor 32 cordes, tandis que l'historien *Joseph* et beaucoup d'autres ne lui en attribuent que dix ; quelles contradictions !

Dans la seconde classe, se trouve : 1°. le *nebel*, qui, selon tel auteur, avoit 22 cordes, et selon tel autre 24. Cet instrument étoit joué avec les doigts, de la même manière que l'on joue de la harpe et de la guitare.

2°. L'*assor*, qui étoit un instrument monté de dix cordes, que l'on pinçoit avec le plectre, et non pas avec une plume, comme l'ont cru plusieurs auteurs allemands et français.

Dans la troisième classe, se trouve : 1°. le *minnim* ; 2°. le *michol*, et 3°. le *schelasim*. Quelques historiens prétendent que chacun de ces instrumens étoit monté de trois cordes que l'on faisoit résonner avec une espèce d'archet ; qu'ils différoient seulement dans les dimensions, et que le *michol* étoit le plus grand. Prinz, dans son histoire de la musique, a dit que le *schelasim* avoit

---

l'invention à Jubal ; c'étoit pousser trop loin l'origine du kinnor.

Si quelques rabbins l'ont traduit par cithare ou guitare, ils n'ont fait qu'attester que malgré leur étude et leurs recherches, ils ne sauront jamais découvrir la véritable forme et la qualité des instrumens de musique du temple de Jérusalem.

un manche comme la guitare, mais que la moitié du corps de l'instrument étoit creux. Tout cela est faux, car en l'an du monde 2940, on ne connoissoit pas encore d'instrument à manche en forme de guitare ou de violon. Si les auteurs des 16e. et 17e. siècles avoient étudié avec plus d'attention l'histoire des arts et des inventions humaines, ils n'auroient pas commis l'erreur de donner une harpe à David, comme des guitares et des violons à ses contemporains.

INSTRUMENS A VENT.

Les *flûtes*, faites d'un seul morceau de roseau ou de bois: ils en avoient de grandes appelées **nekabhim**, et de petites nommées *chalil*.

Les *buccines* étoient de deux sortes, le *keren* (le cornet) et le *schopar* ou *takoa*; ce premier, fait de corne de belier, étoit plus petit que le dernier, qui, à ce que Prinz prétend, étoit fait de cuivre ou d'argent.

Ces deux instrumens ont été mal connus et souvent confondus par les auteurs modernes, qui en ont fait des *tromboni* et des *cors de chasse*, sans qu'il y eût la moindre ressemblance avec ces instrumens modernes.

Pour reconnoître leur erreur, nous n'avons

qu'à observer le *garde de nuit*, qui, dans les villes d'Allemagne, annonce l'heure à tous les coins de rues au son d'une corne (appelée en allemand *Nachtwæchter-Horn*). Cet instrument nous offrira l'image et le son *des buccines* des *Hébreux* et des *Grecs*. L'ancien *schopar* et le *keren* sont encore de nos jours les instrumens des bergers, pour rassembler leurs troupeaux ; le son du *schopar* appelle les vaches et les bœufs, et le keren impose l'ordre et l'obéissance aux porcs et aux chèvres.

Des auteurs allemands ont traduit le keren des Hébreux, par *zinken* ; ils se sont trompés. Le *keren* étoit de la même forme que nos *cornets acoustiques*, mais un peu plus grands, et différoient par conséquent beaucoup du *zinken*, que l'on nomme en français, *cornet à bouquin*.

L'*abub*, étoit un instrument dont les Lévites ne se servoient que dans les sacrifices. *Kircher*, dans sa Musurgia, dit qu'il ressembloit au keren ; mais il ne nous apprend pas en quoi consistoit cette ressemblance.

La *trompette*, en hébreux *chasora*, fut inventée par *Moïse* (il s'en vante lui-même) en l'an du monde 2454. Elle avoit à peu près la longueur de deux pieds ; son tuyau très-mince à l'embouchure, s'élargissoit insensiblement vers l'extrémité. Sa forme ne peut mieux être comparée qu'aux petites trompettes de *Nuremberg*, que nous donnons aux enfans comme jouets. Les auteurs qui nous l'ont représentée sous la forme des trompettes modernes, ont été induits en erreur par leur prévention et surtout par leur respect religieux pour la Bible.

La *trombe*, la *tube*, et *la trompette de corne de belier*, sont souvent nommées par des commentateurs modernes, cors *de belier;* cette expression a donné lieu à la folle idée que les Hébreux avoient eu un instrument de musique fait de corne de belier, qui, dans sa forme et dans la qualité de ses sons, devoit ressembler à nos *cors de chasse*, tandis que ceux-ci ne furent inventés que vers le milieu du 18e. siècle.

Les *sumphoneia*. Nous les connoissons sous le nom de *cornemuse*, en allemand *dudelsack*.

L'*ugabh* ; cet instrument étoit une invention faite d'après *la flûte de Pan* : beaucoup d'auteurs l'ont confondu avec l'*organon des Grecs*. Dans l'impossibilité de prouver jusqu'à quel point ces descriptions anciennes approchent de la vérité, nous remarquerons seulement, que les Hébreux avoient deux espèces d'instrumens de ce genre ; une petite appelée *maschrokita*, qui n'avoit qu'un soufflet ; et une grande appelée *migrepha*, avec deux soufflets. Leur forme étoit la même : des flûtes de roseau ou de bois, posées en long sur une petite caisse, qui d'un côté avoit une anse, et de l'autre des touches; l'embouchure du joueur étoit sur le devant; avec son souffle il enfloit les soufflets, tandis qu'avec les doigts il ouvroit les soupapes ou les *ventils* des flûtes. Ceux qui ont voulu faire l'éloge des instrumens des Hébreux, ont osé comparer l'*ugabh* aux orgues du moyen âge. — On peut dire qu'ils ont honoré l'ignorance, comme nous l'honorerions nous-mêmes si nous ajoutions foi à de pareilles absurdités.

INSTRUMENS DE PERCUSSION.

Tout instrument dont on tiroit des sons en le frappant, s'appeloit chez les Hébreux *toph*. Ils en avoient de cinq espèces, que les auteurs du moyen âge, ainsi que beaucoup de modernes, ont toujours confondus, en les nommant *cymbales* ou *tambours*. Les différentes espèces étoient : 1°. le *toph*, dont jouoient les femmes en chantant et en dansant : nous l'avons décrit sous le nom de *tambour de basque*; 2°. le *toph orné d'anneaux* : sa forme étoit celle d'une raquette traversée par un fil de fer, autour duquel étoient un grand nombre d'anneaux de métal. Par le mouvement du joueur, les anneaux se touchoient et rendoient des sons; 3°. le *toph orné de grelots* : il avoit la même figure que le précédent, avec des grelots attachés dans le cercle de la raquette. La forme de ces deux instrumens n'étoit qu'une imitation du sistre des Egyptiens ; 4°. le *toph de cuivre* en forme de demi-globe : il ressembloit à nos timbales et étoit de même frappé avec un petit bâton ; 5°. le *toph* appelé *mnaanim* : c'étoit une corde de fer au-dessus d'une table harmonique ; à la corde étoient attachées des balles qui rendoient un son bruyant lorsqu'elles tomboient l'une sur l'autre.

Les *cymbales* étoient de métal ou d'un cuir très-dur. Il y en avoit de deux espèces ; les unes s'appeloient cymbales éclatantes, les autres cymbales gaies et agréables.

Il y avoit encore une espèce d'instrument appelé *tseltselim*, qui étoit formé de grelots de différentes grandeurs, attachés à un fil de fer que l'on frappoit avec un petit bâton de même métal. Un autre instrument, le *methsiloth*, ne différoit du *tseltselim* que par des petites sonnettes ou clochettes, en place de grelots.

Plusieurs auteurs ont cru que l'on pourroit parvenir à la véritable connoissance des instrumens de musique des Hébreux, en examinant les débris des anciens monumens, que jadis le sénat romain fit ériger en l'honneur du vainqueur des Juifs : mais cette idée est fausse. Nous avons vu qu'à la dernière conquête de Jérusalem, la ville
fut

fut livrée aux flammes, et que le temple qui renfermoit les instrumens de musique fut le premier incendié. Les soldats romains auront bien pris quelques effets d'or et d'argent, mais l'on ne peut pas supposer qu'ils aient exposé leur vie pour sauver quelques instrumens de bois de sapin, ou de fer blanc, qui leur étoient déjà odieux, par la seule raison que les Juifs s'en étoient servis dans leur culte.

L'on sait qu'il fut érigé à Rome un arc de triomphe pour honorer le retour de Titus, et que dans les bas-reliefs de cet arc on avoit représenté plusieurs ustensiles sacrés dont les Juifs se servoient dans le temple. Quelques voyageurs ont cru voir dans ces bas-reliefs la représentation des instrumens de musique du temple de Salomon : beaucoup d'autres après eux ont raconté et publié cette fable, mais il n'est pas moins vrai qu'ils se sont tous trompés. Il n'est pas difficile d'expliquer d'où vient cette erreur : l'on a confondu les mots instrumens sacrés, avec instrumens de musique (1).

Pendant mon séjour à Rome, j'ai été fort sou-

---

(1) Lorsque le peuple Hébreu partoit pour la guerre, le chef de l'armée étoit toujours suivi d'un grand sacrificateur, de prêtres et de Lévites, qui portoient avec eux tous les ustensiles et instrumens sacrés dont ils avoient besoin pour célébrer un sacrifice en action de grâces après

vent au Campo-Vaccino, pour y admirer les restes inappréciables de la splendeur et de la magnificence de l'ancienne Rome, et surtout pour examiner l'arc de triomphe de Titus. J'en ai fait la description sur le lieu même, et je pense qu'elle ne se trouvera pas déplacée ici.

Les deux côtés extérieurs sont marqués à droite par le couvent des *Olivetains*, et à gauche par un vignoble entouré d'un mur. Cet arc est beaucoup moins grand et plus en ruines que celui de *Septime Sévère*, qui se trouve à peu de distance de là. Autrefois chaque côté de la façade étoit orné de quatre colonnes cannelées; lors de la destruction de Rome la moitié fut renversée, de sorte qu'on n'en trouve plus que deux de chaque côté, l'un et l'autre dans un très-mauvais état. Les bas-reliefs sont extrêmement endommagés, mais ce qui en existe encore fait preuve d'un travail admirable. Sur la frise est une figure allégorique supportée par quatre figures d'hommes, suivies de plusieurs autres qui conduisent

---

la bataille gagnée. Le général en chef recevoit des mains du sacrificateur les trompettes d'argent, non pas comme instrumens de musique, mais comme instrumens sacrés par rapport à leur emploi, qui étoit sacré suivant les lois de Moïse. En temps de paix, la trompette d'argent ne pouvoit être sonnée que par le grand sacrificateur, et en temps de guerre, par le chef de l'armée.

des bœufs au sacrifice. Sur une des faces du dessous de l'arc on voit *Titus* sur son char traîné par quatre chevaux de front. La renommée lui pose une couronne sur la tête ; vis-à-vis, on aperçoit le candelabre tel que David et Salomon en ont fait la description ; la table dorée, les trompettes sacrées, et quelques autres ustensiles du temple de Jérusalem. La voûte de l'arc est décorée de guirlandes de roses, avec l'apothéose de *Tite Vespasien*. Voilà le véritable état de tous les ornemens de l'arc de triomphe de Titus.

Il nous reste encore bien des raisons pour affirmer que les instrumens des Hébreux ne pouvoient point être représentés dans les ornemens de l'arc de Titus ; d'abord cet arc de triomphe fut construit pendant que Titus étoit en marche avec son armée pour revenir de l'Egypte ; mais il étoit encore bien éloigné de Rome : par quel moyen le sculpteur romain auroit-il donc pu se procurer les modèles des instrumens du temple de Jérusalem, qui n'étoient point connus de ses compatriotes ? De plus, vit-on jamais un triomphateur romain se séparer des dépouilles d'un ennemi vaincu, et les envoyer à Rome avant que d'y être arrivé lui-même ? Il s'en servoit, au contraire, pour illustrer et orner son entrée triomphale, en les faisant porter par des esclaves qui précédoient son char : l'histoire nous apprend d'ailleurs que l'exposition de tant d'objets précieux et inconnus jusqu'alors rapportés par l'armée de Jérusalem, excita dans le peuple Romain autant d'admiration que d'alégresse. Cette remarque doit suffire pour ôter tout espoir de trouver la représentation des instrumens de musique dans les bas-reliefs de l'arc de Titus.

En supposant même que parmi les trophées que Titus apporta de Jérusalem, il eût pu se trouver quelques instrumens de musique du temple, il est facile de prouver que le monde en auroit perdu toute connoissance depuis plus de 17 siècles. L'*empereur Flave Vespasien*, après avoir glorieusement fini la guerre judaïque, fit élever, environ vers l'an 73 de notre ère, un temple à la Paix, sur les ruines du palais doré de *Néron*, qui se trouvoit tout près de l'arc de Titus. Cet édifice avoit 302 pieds de long, 202 de large, et étoit regardé comme le plus beau et le plus magnifique monument de Rome. *Tite Vespasien* y fit renfermer les dépouilles les plus estimées du temple de Jérusalem, qu'il avoit entièrement détruit: les citoyens Romains, considérant le temple de la Paix comme un lieu de sureté, vinrent aussi y déposer leurs richesses et leurs effets les plus précieux.

Malheureusement ce temple devint par un accident inconnu la proie des flammes, un siècle après qu'il eût été construit : les ornemens, ainsi que les trésors de l'empereur et ceux du peuple, furent consumés, et les voûtes, les colonnes, les statues, ne présentèrent plus qu'une masse de cendres et de ruines.

Voilà donc encore une fois les instrumens des Hébreux anéantis.

Après tous ces faits que nous venons de rappeler à la mémoire de nos lecteurs, comment peut-on concevoir que les commentateurs et les traducteurs de la Bible, ainsi que les écrivains des 17e. et 18e. siècles, aient pu nous présenter des dessins et des figures d'instrumens de musique des Juifs, tandis qu'il est prouvé que depuis dix-sept siècles il n'en existe plus aucune trace ?

Il faut avouer que, sous le rapport des arts, les auteurs des siècles passés ont fait bien des efforts pour retenir leurs contemporains dans l'ignorance et dans l'erreur où ils étoient plongés eux-mêmes.

Retournons à nos observations sur les instrumens de musique et sur l'emploi que les Hébreux en ont fait.

L'instrument le plus respecté, et dont l'usage n'étoit que pour les fêtes religieuses ou pour la célébration de quelque événement politique, étoit la trompette (1). En temps de paix, on s'en ser-

---

(1) Nous avons déjà remarqué que les Hébreux en

voit pour proclamer les lois, et en temps de guerre, pour rassembler l'armée, annoncer la victoire, donner le signal de poursuivre l'ennemi lorsqu'il étoit en déroute, etc.

Tous les écrivains de l'antiquité sont d'accord sur ce point. Moïse se servit de la trompette, pour la première fois, lorsqu'il étoit sur la montagne à composer les lois. *Voyez* Exode 19, v. 13 : « Quand la trompette commence à sonner, » etc. ». — V. 16 : « Le troisième jour, la trom- » pette sonna avec grand bruit ». — V. 19 : « Le » son de la trompette augmentoit peu à peu ». — Jérémie, Ch. IV, v. 5 : « Publiez par tout, au son de » la trompette. — Je ne puis demeurer dans le si- » lence, parce que j'ai entendu le bruit des trom- » pettes et les cris de la mêlée ». — De même,

---

avoient de deux espèces, l'une d'argent, qui étoit l'instrument sacré du grand sacrificateur, et l'autre de corne de belier, qui étoit la trompette ordinaire dont les Lévites et les prêtres se servoient dans le temple et dans l'année du Jubilé. Les Juifs avoient aussi une fête des expiations, où l'on rendoit la liberté aux esclaves; elle étoit annoncée par le son de la trompette d'argent; mais pendant les huit jours que duroit la fête, on n'entendoit d'autre instrument que les trompettes de corne de belier. C'est par cette raison qu'on appeloit cette fête : « le jour du son » éclatant et du bruit des trompettes », ou simplement la fête des trompettes.

Ch. VI, et les Ch. IV et VI du *livre des Machabées*, où se trouvent beaucoup de passages qui font mention de l'usage de cet instrument en temps de guerre.

Malgré un emploi aussi fréquent et aussi important de cet instrument, nous aurions tort de croire que les Hébreux en aient joué avec art. Le peu de connoissance qu'ils avoient de la musique et la structure même de l'instrument, y mettoient obstacle. Tout le mérite de ces Lévites et de ces musiciens guerriers consistoit à donner un son tantôt soutenu, tantôt perçant, tantôt entrecoupé, et quelques sons mêlés qui désignoient le combat, la retraite ou la victoire; ils exécutoient ces différens signaux selon les circonstances, et d'après les ordres du chef.

Quoique la trompette guerrière ne dût être qu'entre les mains des prêtres (d'après l'ordonnance de Moïse), on voit que dans la bataille de Gédéon contre les Madianites, et dans la prise de Jéricho, cet instrument fut aussi confié aux mains profanes des simples soldats. (*Voyez* le livre des Juges.)

Ce que l'histoire des Juifs rapporte de ces 300 hommes armés de trompettes, avec lesquels Gédéon mit les Madianites en déroute, et ce qu'elle dit aussi des murailles de Jéricho, qui tombèrent au son de ces instrumens, doit être apprécié comme tant d'autres faits de ce genre.

On trouve dans l'histoire des autres peuples de l'antiquité des effets non moins miraculeux qui ne prouvent pas davantage (1). L'homme ignorant, superstitieux, esclave fanatique des dogmes religieux qu'il ne comprend pas, peut seul croire à de pareils miracles, les admirer ou les craindre; l'homme éclairé et sans prévention pense de lui-même, il écarte tout ce qui est contraire à la nature, et la retrouve souvent où les autres n'aperçoivent que du merveilleux.

Les miracles opérés par l'effet surnaturel de la musique, ne sont pas bien difficiles à expliquer; il suffit d'avoir quelque connoissance des mœurs et de l'esprit des peuples de l'antiquité.

Quelques auteurs anciens et modernes ont nommé la trompette d'argent ou l'instrument sacré, *trombone;* et la trompette de corne de belier, *trommète;* ce sont des erreurs qu'il faut leur pardonner. De même, on ne doit pas s'étonner de trouver, pour un même emploi, tantôt une trompette, tantôt une trombone. Les traducteurs de la Bible, surtout ceux du dix-septième siècle, n'ont-ils pas donné aux Hébreux des *violons*, des *mu-*

---

(1) Ceux qui aiment les miracles doivent lire les effets de la musique par M. Bonnet. Que de fables! que d'absurdités! L'auteur oublie par tout de donner des preuves; il faut l'en croire sur sa parole, et supposer qu'il étoit inspiré.

settes, des *hautbois*, etc., dont ce peuple ne pouvoit avoir aucune idée? Ils auroient pu également citer comme instrumens de musique du temple de Salomon, des forte-piano, des harmonica, des clarinettes, des bassons et des serpens.

L'instrument appelé la *harpe de David* n'avoit certainement ni la forme, ni la quantité de cordes, ni la qualité de son de nos harpes d'*Erhard* et de *Nadermann*; elle pouvoit avoir tout au plus huit cordes. Cette assertion est fondée sur les titres de plusieurs pseaumes, qui exigent un accompagnement de harpe à huit cordes. Il faut croire que les Juifs avoient d'autres harpes plus petites et à moins de cordes; car s'ils en avoient eu à seize ou à vingt-quatre cordes, à quoi bon prescrire la nécessité d'une harpe qui en eût huit, pouvant très-bien jouer sur celles qui en auroient eu seize et vingt-quatre, un morceau d'accompagnement qui ne sortoit jamais du système, et par conséquent de l'étendue de huit cordes.

Il est aussi plus que vraisemblable que David et tous les autres joueurs de harpe ne se sont servis de cet instrument que pour accompagner le chant, et pour marquer la cadence du vers. On ne peut supposer qu'ils aient joué des morceaux de musique tels que des sonates et des concertos, l'ignorance de ces temps étoit trop grande.

Leurs *cymbales* étoient de cuir très-dur, ou de

métal : les premières d'un son gai, s'appeloient cymbales agréables ; les secondes d'un son éclatant, s'appeloient cymbales harmonieuses : malgré cela des traducteurs latins ont encore souvent confondu les *cymbales* avec les *tympanons*, tandis que leurs cymbales avoient, à peu près, la forme des nôtres, et que le tympanon avoit la forme d'un tambour de basque, faussement nommé *tambourin*.

Je crains de fatiguer mes lecteurs en continuant des recherches infructueuses sur la musique des Hébreux, et je finis cette partie, en recommandant de nouveau à ceux dont la crédulité seroit encore trop forte pour avouer que les connoissances de *David* et de *Salomon* et les instrumens de musique des Juifs étoient extrêmement imparfaits, de lire l'ouvrage du *professeur Pfeiffer*, sur la musique des Hébreux. Cet ouvrage est peut-être le seul qui soit écrit avec cette impartialité, cet esprit philosophique, qui offrent du moins la vraisemblance lorsqu'il n'est plus possible de découvrir et de prouver la vérité. On conviendra que cette manière d'écrire vaut mieux que d'offrir une foule d'assertions vagues, de faits miraculeux qui ne peuvent être expliqués que par le miracle même, et n'ont de caution que quelques auteurs anciens, dont une foule d'erreurs les plus absurdes atteste le peu de véracité.

DE LA MUSIQUE

CHEZ LES GRECS.

L'HISTOIRE nous représente les Grecs comme un peuple chez lequel les arts et les sciences, particulièrement la musique et la poésie, ont été connus et cultivés, et chez qui tous ceux qui s'y distinguoient étoient comblés d'honneurs et de récompenses.

Lorsqu'on réfléchit avec attention sur la rapidité avec laquelle cette branche des descendans de Noé s'éleva de son premier état d'abjection et d'ignorance au plus haut degré de civilisation, on est porté à rechercher quelles sont les influences puissantes qui agissent ainsi sur les développemens des facultés humaines. Le climat et la connoissance des arts s'offrent les premières, et sans doute ce sont elles qui ont le plus contribué à la propagation des lumières chez les Grecs. Tant qu'ils menèrent une vie errante entre l'Asie et l'Europe, uniquement occupés du soin de leurs troupeaux et des moyens de pourvoir à leur existence, ils furent sauvages, cruels et ignorans; mais aussitôt qu'ils s'établirent en Grèce et qu'ils commencèrent à imiter quelques usages des Asiatiques et des Egyptiens, leur génie se développa. *Amphion*, leur compatriote, qui avoit appris la musique chez les étrangers, vint leur faire connoître les charmes de cet art et captiva par ses chants leur admiration : en excitant leur sensibilité, il les rendit moins féroces; et l'on pourroit dire que la musique, en adoucissant les mœurs des Grecs, devint la source de la civilisation de l'Europe.

Quelque temps après, Orphée, instruit selon toute apparence chez les Egyptiens dans les sciences et les mystères religieux, vint perfectionner ce qu'Amphion avoit commencé; il joignit l'harmonie de la poésie à celle de la musique. Ses hymnes en l'honneur des immortels firent un si grand effet sur ce peuple, peu accoutumé encore à certaines sensations qui paroissent n'être l'avantage que des nations civilisées, qu'on le regarda comme un homme inspiré de l'esprit divin et l'interprète des dieux (1).

On lui attribue aussi le mérite d'avoir enseigné

---

(1) Pausanias dit que les hymnes d'Orphée étoient les plus religieux et les plus saints de tous ceux composés jusqu'alors. C'étoient des prières aux dieux pour les rendre favorables et pour écarter les maux.

aux Grecs à bâtir des villes, à vivre en société et à cultiver la terre, comme le seul moyen de se procurer l'abondance. En leur donnant ses mystères, il les attacha par les liens de la religion à leur nouveau genre de vie, et au sol qu'ils habitoient. C'est ainsi qu'il posa les premiers fondemens de leur grandeur future, et qu'il développa ces facultés morales dont la nature a doué l'humanité (1).

C'est dans ce sens qu'il faut expliquer et entendre ce que la fable raconte des effets miraculeux que produisirent ses chants, lorsqu'elle attribue à Orphée d'avoir dompté les bêtes féroces, vivifié des êtres inanimés, attiré des pierres et des arbres par le son de sa lyre.

Orphée fut regardé à juste titre comme un demi-dieu; il étoit à la fois poëte, musicien, théologien, philosophe, physicien, astronome, etc.: avec autant de qualités, il ne pouvoit pas manquer d'exciter l'enthousiasme d'un peuple ignorant, mais qui déjà sentoit le besoin de s'instruire et le désir de s'élever.

Il y a des auteurs grecs qui prétendent qu'Or-

---

(1) Pausanias nous apprend que ce fut Pélasgus qui enseigna aux Arcadiens à construire des cabanes, à se vêtir de peaux de bêtes, et à se nourrir de glands. *Voyez* Paus., lib. VIII, chap. I.

phée, pour accompagner ses hymnes, se servoit d'un *luth* à 7 cordes, par allusion aux sept planètes. Cette supposition est tout à fait fausse : car *Orphée*, d'après son système, ne pouvoit ni connoître ni se servir d'un instrument d'une telle étendue. Les copistes ou les anciens traducteurs se sont probablement trompés, et ont nommé luth ce qui, dans le sens original, n'a signifié peut-être qu'un instrument sacré, destiné au cérémonial des mystères.

Si l'on doit croire ce que nous rapporte *Lucien*, ce fut encore *Orphée* qui, sous le voile des mystères, communiqua aux Grecs les premières lumières de l'astronomie (1).

---

(1) Ces mystères, qui se sont soutenus en Grèce près de 1800 ans, étoient des cérémonies religieuses qui, sous une continuelle allégorie, offroient l'histoire de la nature et enseignoient la mythologie, la physique et la morale. Cet objet véritable des mystères resta toujours caché pour le peuple, et ne fut révélé qu'aux initiés, sous le sceau du secret : la moindre indiscrétion étoit punie de mort ou d'un bannissement à perpétuité ; de sorte que le peuple célébroit souvent des fêtes et chantoit des hymnes dont il ignoroit le sens moral, aussi-bien que le sens politique. Cependant l'introduction des mystères étoit, dans l'origine, aussi innocente qu'utile au peuple ; mais on eut tort de les appliquer dans la suite à tant d'autres fêtes dont la célébration commandoit des sacrifices barbares, des images impudiques et des symboles qui excitoient les femmes à supprimer tout sentiment de honte et de pudeur.

Il étoit sans doute honorable pour la musique d'être employée dans les mystères, et d'en devenir même la partie essentielle ; mais combien cet avantage ne nuisit-il pas à l'essor que cet art auroit dû prendre pour atteindre à un degré de perfection ?

Tous les historiens s'accordent à dire que les Grecs, du temps qu'Orphée entreprit de les instruire, n'avoient pas la moindre connoissance dans les sciences, les arts et les métiers.

L'écriture n'étant pas encore inventée, quel moyen lui restoit-il pour communiquer son instruction à ses disciples, et pour les garantir d'oublier dans peu ce qu'ils avoient appris ou entendu ? Orphée choisit le plus sage et le plus convenable : il composa ses maximes religieuses et ses lois civiles dans la forme d'hymnes ou de chansons, et leur apprit à les chanter. Ces hymnes étoient composés ou imités d'après les hymnes sacrés des Egyptiens, et contenoient des prières aux immortels et des sentences morales.

C'est ainsi que ce peuple naissant, d'une organisation sensible, s'intruisit par le moyen de la musique et transmit ensuite ce genre d'instruction à ses enfans, comme le don le plus précieux des dieux. Les enfans, à leur tour, les apprenant à leurs descendans, ces hymnes et ces chansons, ainsi transmis de génération en génération, furent conservés pendant des siècles comme des préceptes divins, qui, les mettant en relation avec les dieux, leur avoient fait connoître les charmes de la vie sociale, et auxquels leur patrie étoit redevable de sa prospérité.

Voilà pourquoi les Grecs, du temps d'*Homère*, se vantoient avec raison de chanter leurs hymnes purs et originaux, tel qu'Orphée les avoit composés et enseignés à leurs aïeux trois cents ans auparavant; par la même raison, trois cents ans après la mort d'*Homère*, les philosophes et les initiés pouvoient certifier également que les hymnes étoient parvenus jusqu'à eux, sans avoir souffert la moindre altération.

Nous n'avons point, il est vrai, de notion positive pour décider si Orphée fut l'inventeur de son système de musique, ou s'il en avoit acquis la connoissance dans le cours de ses études chez les Egyptiens; mais il est certain que ce fut lui qui l'introduisit en Grèce, et que le chant, ou la déclamation de tous ses hymnes et autres poésies, fut composé dans les bornes étroites *d'un système de 4 cordes*, ou si l'on veut, de 4 tons, vulgairement appelés *tetra corde*.

Ces hymnes se conservant dans une aussi grande vénération chez le peuple, il n'est pas étonnant qu'ils fussent de même fort respectés par les chefs de la nation, successeurs d'Orphée, qui les
regardoient

regardoient comme un code de lois religieuses et politiques.

Malheureusement le fanatisme les entraîna plus loin ; dans un transport d'admiration et de reconnoissance pour leur fondateur, ils firent une loi qui sanctifia son système, l'adoptant pour le modèle que les imitateurs d'Orphée devoient suivre dans leurs productions poëtiques, et comme le seul culte qui fût digne de célébrer la grandeur et les bontés des dieux ; ils défendoient en même temps, sous les peines les plus rigoureuses, de l'altérer par le mélange d'aucun ton étranger.

Dès ce moment une barrière insurmontable fut opposée aux progrès de la musique. La consécration du système d'Orphée fixa le seul degré auquel elle pouvoit s'élever. De là vient que les Grecs n'ont jamais connu ce que nous appelons une bonne musique, et que cet art n'a jamais eu chez eux ni le caractère, ni le genre d'exécution, ni la qualité, ni les effets de la musique des siècles modernes.

La conquête de la Grèce et la propagation du christianisme, nous ont privés des documens qui auroient pû nous faire connoître et approfondir ce chant politique et religieux; qui, pendant nombre de siècles, eût la vertu magique d'entretenir le peuple dans les bonnes mœurs et dans l'obéissance aux lois. Mais, malgré la privation d'antiques manuscrits, nous croyons pouvoir affirmer que tout historien qui a confondu la musique des Grecs avec la nôtre, n'a fait que publier son ignorance et son peu de lumières.

Si, de nos jours, la musique a mérité d'occuper une place distinguée parmi les sciences et les beaux arts, la gloire en appartient toute entière aux peuples modernes : ce furent eux qui surent faire une sage distinction entre les lois politiques et les lois religieuses, entre les bornes que la nature a mis aux conceptions humaines et le vaste champ qu'elle a ouvert au génie. Le perfectionnement dans les arts, et l'accroissement des lumières ne furent jamais funestes à l'humanité ; les sciences, considérées même du côté de la religion, n'ont pu qu'ajouter à la dignité de l'homme en le rapprochant de la divinité.

En conséquence de la loi fatale dont nous venons de parler, les poëtes et les musiciens n'eurent plus la permission de publier un hymne, pas même une chanson, avant de l'avoir soumis à la censure des juges. Ceux-ci examinoient très-sévèrement si l'hymne ne contenoit pas des mots qui fussent contraires à de prétendues lois de décence et de moralité, si les expressions étoient dignes de la grandeur de son objet (1), et

---

(1) Les Grecs primitifs croyoient que les dieux gou-

si la déclamation musicale étoit conforme aux règles prescrites ; c'est-à-dire, que la tonique convînt au caractère de la divinité à laquelle l'hymne étoit adressé, et que la modulation du chant ne sortit point du système *du tetra-corde* : ce n'étoit que lorsque toutes ces conditions se trouvoient strictement observées, que les poëtes avoient le droit de rendre leurs hymnes publics ; pour lors ils étoient sûrs qu'accueillis avec respect ils seroient transmis de siècle en siècle, et que le nom de l'auteur seroit honoré par la postérité la plus reculée (1).

Changer la tonique ou seulement une note d'un hymne ainsi sanctionné, étoit regardé comme l'ac-

---

vernoient le monde, mais ils ne les distinguoient ni par le nom, ni par le sexe, ni par des prérogatives. *Hésiode* et *Homère* furent les premiers qui les rangèrent en plusieurs classes, leur attribuèrent le ciel, la terre, les mers ou les enfers, et placèrent les uns dans un ordre supérieur, les autres dans un ordre inférieur. Il arriva de cette distinction que les Grecs adoptèrent deux théogonies ou religions, où dans l'une *Saturne*, et dans l'autre Jupiter étoient les chefs des dieux ; qu'ils admirent de grands dieux, de demi-dieux et des héros.

(1) Les Lacédémoniens conservoient particulièrement la musique et les paroles des anciennes odes de leurs poëtes lyriques, et ne permettoient jamais d'y faire le plus léger changement.

tion la plus criminelle, et qui méritoit la punition la plus exemplaire. C'est ainsi que les Athéniens et les Spartiates agissoient généralement à l'égard des hymnes consacrés aux dieux ; mais chez les autres peuples de la Grèce, il semble que cette rigueur ne fut employée que par rapport aux hymnes composés pour leurs divinités protectrices, et que l'on y regardoit de moins près, lorsqu'il s'agissoit d'une divinité subalterne.

Soumise à des lois religieuses et politiques, comment la musique pouvoit-elle sortir de son état d'enfance et acquérir la moindre perfection ?

Le poëte et le musicien, qui, quelquefois et surtout dans l'origine, n'étoient qu'une seule et même personne, jouissoient d'une grande considération, mais leur génie étoit enchaîné par l'admission de ces deux arts dans les mystères.

La politique d'Orphée, d'introduire la musique et la poësie dans les fêtes religieuses, étoit très-bonne et très-sage : par ce double attrait, il attachoit davantage les Grecs à leur culte, et il atteignit plus surement son but que s'il leur eût dicté des lois de police qui les forçassent d'adopter ses opinions sur les dieux et sur les objets qu'il vouloit leur faire adorer.

Ce qui est étonnant, c'est que dans la suite des temps, lorsque la nation eût acquis des lumières plus étendues, les successeurs d'Orphée, parmi lesquels on comptoit des législateurs célèbres et les philosophes les plus profonds, aient jugé à propos d'abuser de la crédulité de la nation, au point d'entretenir son ignorance sur ses faux dieux, au lieu de lui expliquer l'objet moral et politique dont la prétendue existence de ces idoles n'étoit que l'emblème.

Convenons que la conduite de ces philosophes et des chefs de la Grèce étoit bien coupable, puisqu'il est prouvé qu'eux-mêmes n'étoient pas dans l'erreur. N'étoit-ce pas l'imposture la plus ridicule de publier que « *les dieux ne se révéloient aux hommes que par l'initiation dans les mystères* » ? Et, lorsque la nation entière manifestoit son adoration et son dévouement aveugle pour ces divinités, lorsque chacun contribuoit de tout son pouvoir à donner le plus grand éclat aux fêtes de ces dieux, n'étoit-ce pas, dis-je, un abus de confiance et de crédulité, de n'admettre à ces mystères que la millième partie de la nation, tandis que le reste étoit condamné à vivre dans l'ignorance et dans la superstition ?

Si les divers peuples de la Grèce différoient beaucoup entre eux dans les cérémonies et le nombre de leurs fêtes, ils s'accordoient sur un point capital, celui d'observer religieusement le lieu et le temps pour la célébration, et de n'y faire entendre que les hymnes et les instrumens affectés à chacune de ces fêtes.

Il est à remarquer que telle divinité étoit honorée à Athènes, qui étoit méconnue ou du moins sans considération à Sparte ; et qu'à son tour, Sparte faisoit l'objet de son culte de telle autre divinité qui souvent étoit un objet de mépris à Athènes ; il en étoit de même des autres villes de la Grèce.

La nation, en général, étoit de l'opinion que les dieux de la première classe avoient droit à de plus grands hommages que ceux de la classe subalterne, et que plus une divinité avoit signalé sa puissance envers les humains, plus la vénération publique devoit se manifester par des sacrifices, par des chœurs nombreux, ou par ces jeux qu'on appeloit athlétiques (1).

---

(1) L'usage antique d'exécuter des danses et des jeux gymniques pour terminer la célébration d'une fête religieuse, est encore pratiqué de nos jours chez plusieurs peuples de l'Asie, de l'Afrique et même des frontières de l'Europe.

Niebuhr, dans sa description de l'Arabie, nous a transmis le tableau de la gymnastique des Arabes modernes, qui, en la comparant avec les jeux athlétiques des Grecs et des Romains, est trop remarquable pour pouvoir me dispenser d'en donner connoissance à mes lecteurs :
« Au jour de la fête d'un saint, enseveli à *Mór*, les jeunes
» gens, de retour de la procession, s'assembloient dans la

Chez les Grecs, le mot de chœur signifioit une réunion de chanteurs, de danseurs, de joueurs d'instrumens de musique ; ainsi l'expression de quelques auteurs anciens, *exceller dans les chœurs*, vouloit dire : avoir une parfaite connoissance dans la musique vocale et instrumentale, et posséder le talent de la danse et de la poësie. Il est à remarquer que, dans le culte des Grecs, la danse étoit inséparable de la musique et de la poësie ; car ils croyoient que les dieux vouloient être adorés et servis avec joie.

Dans les cérémonies religieuses, la place des chœurs étoit désignée immédiatement auprès de l'autel ; lorsqu'on vouloit célébrer la grandeur ou implorer la clémence d'une divinité quelconque, on lui adressoit un hymne antique, composé et mis en musique du temps de son apothéose.

Les couronnes dont les chœurs étoient ornés dans les fêtes et dans les sacrifices des divinités du

---

» grande place, devant la maison du gouverneur ; là, en-
» couragés et soutenus par le bruit de petits tambours, on
» les voyoit, des coutelas ou un sabre à la main, sautiller
» sans changer de place, comme si la joie leur eût fait
» perdre le bon sens. Celui qui pouvoit tenir son arme le
» plus élevé ou sauter le plus haut, s'estimoit le plus ha-
» bile ; d'autres se provoquoient à la course : plusieurs
» s'exerçoient à lancer un *dsjerid*, c'est-à-dire, un bâton
» long de quatre pieds ».

premier rang, ainsi que les guirlandes qui paroient les autels, étoient toujours faites de feuilles de divers arbres particulièrement consacrés à ces divinités. C'est ainsi qu'on employoit le *laurier* pour Apollon; le *chêne* pour Jupiter; le *peuplier* pour Hercule; le *myrthe* pour Vénus; le *Pin* pour Cybèle; l'*épi de blé* pour Cérès; l'*olivier* pour Minerve, etc.

A en juger par ce que *Platon* dit relativement aux chœurs, leur habillement n'étoit pas assez soigné et ne répondoit pas toujours aux fonctions qu'ils exerçoient dans les fêtes et dans les cérémonies religieuses; car il reproche au gouvernement de ne pas s'occuper assez de ces signes extérieurs de respect et de décence, et il désiroit que, dans les sacrifices offerts aux dieux dans les jours de joie et de triomphe, les chœurs parussent avec des vêtemens parsemés d'or et d'argent, ayant une couronne sur la tête; et dans des temps de calamités, avec une robe simple et traînante.

D'après le rapport d'Athénée, ce fut Eschyle qui inventa ces robes majestueuses qui furent adoptées par les prêtres. Ce fut aussi lui qui composa les attitudes et les figures qui ont été depuis en usage dans l'exécution des chœurs. Lorsque *Aristophane* fait dire à Eschyle : « *Vous souvient-il d'avoir vu ces Phrygiens qui vinrent chez*

Achille avec Priam, pour racheter le corps d'Hector ? combien de figures diverses ils offrirent à vos yeux » ! Il vouloit faire entendre combien la musique et les gestes de ces Phrygiens avoient été expressifs et analogues à la réclamation qu'ils venoient faire.

En considérant l'importance que l'on attachoit à l'exécution d'un chœur, on devroit supposer que les individus qui le composoient étoient des gens parfaitement instruits dans la musique. Cependant, à en juger par ce que les auteurs anciens nous disent, ils n'en avoient qu'une foible notion.

Chez les Grecs, il en fut de la musique, pendant plusieurs siècles, comme des autres sciences, ses principes ne furent connus que d'un très-petit nombre de savans.

Les poëtes étoient donc obligés d'enseigner aux choristes le chant d'un hymne ou d'une chanson, de la même manière que nous apprenons à un oiseau à chanter un air. A la fin d'un travail aussi pénible, le poëte communiquoit ses intentions au maître de musique, qui se chargeoit de l'exécution. La place de maître de musique, chez les Grecs, n'exigeoit que la connoissance parfaite des syllabes longues et brèves dans les différens genres de vers, et le talent de bien les indiquer aux choristes par le battement des mains ou des pieds.

(1) Après cela, il falloit encore un maître de danse qui leur apprit à marcher, à prendre des attitudes, à se grouper et à faire des gestes. *Eschyle* est le seul poëte de l'antiquité qui ait possédé l'art d'instruire et de faire aller ces chœurs, sans avoir besoin ni du maître de musique, ni du maître de danse; ce triple talent lui mérita l'estime et l'admiration de son siècle.

Ce sont les soins et la constance nécessaires à de pareilles instructions qui ont fait croire à la perfection d'un chœur théâtral chez les Grecs; cependant on n'a qu'à lire *Athénée* pour être détrompé. *Pratinas* de *Philionte* en fait une description qui n'en donne pas une grande idée, et Athénée nous aprend qu'il y avoit des chœurs et des joueurs de flûtes salariés dans l'orchestre, dont l'exécution ne s'accordoit pas toujours avec le sens des paroles, et qui causoient autant de peine que de dépit aux poëtes et aux compositeurs.

Plutarque, dans son Traité de la Musique, ra-

---

(1) Le maître de musique, pour battre la mesure, avoit sous ses pieds des sandales de fer ou de bois, en dedans desquelles étoit une paire de crotales. Ils frappoient de toutes leurs forces, pour être entendus dans toutes les parties de leur vaste théâtre. Quelquefois aussi ils armoient leurs mains de deux larges écailles d'huître qu'ils frappoient l'une contre l'autre.

conte une anecdote qui nous fait connoître combien il falloit de soin et de travail pour instruire les choristes. « *Démosthène*, chargé par sa tribu de la direction d'un chœur, engagea un maître pour instruire les choristes et faire les répétitions nécessaires. Les ennemis de *Démosthène* gagnèrent à force d'argent ce maître, pour qu'il s'acquittât mal de cette instruction, espérant que le chœur seroit sifflé, et que par cet affront public la gloire de Démosthène en seroit flétrie. *Téléphane*, un des plus célèbres joueurs de flûte, et ami intime de Démosthène, s'apercevant que ce maître de musique n'apprenoit rien à ses élèves, le chassa et entreprit lui-même de les instruire et de les faire répéter journellement : c'est ainsi qu'il parvint à captiver le suffrage général, et qu'il assura un nouveau triomphe à son ami ».

Ceux de mes lecteurs qui sont peu familiarisés avec les usages des peuples de l'antiquité, ne trouveront peut-être pas cette anecdote racontée par *Plutarque* avec assez de détails ; car il ne dit pas pour quel motif *Démosthène* fut chargé de ce chœur. C'est pour eux que nous allons rechercher le véritable sens des expressions de cet auteur. Dans ce temps-là, le peuple d'Athènes étoit partagé en dix tribus ; chacune avoit son directeur de spectacle que l'on nommoit *Chorégus*. Sa fonction étoit de se réunir aux juges pour l'examen des pièces que l'on destinoit à être représentées sur le théâtre commun ; quand c'étoit le tour de sa tribu de les faire exécuter, il étoit seul chargé de tout ce qui regardoit la représentation. Il faisoit choix d'une pièce et l'on disoit alors, en expression grecque, qu'on lui avoit *accordé le chœur*, c'est-à-dire, qu'il s'engageoit de faire avoir aux poëtes les acteurs et objets nécessaires, comme chanteurs, joueurs d'instrumens, danseurs et danseuses, habillemens, etc. La tribu accordoit à son *chorégus* pour cette entreprise une certaine somme ; mais celui-ci, jaloux de faire honneur à sa tribu, et de l'emporter sur les autres chorégus, ses confrères et rivaux, sacrifioit souvent une grande partie de sa propre fortune pour donner au spectacle toute la perfection et la magnificence possibles. Ce fut donc en cette qualité que *Démosthène* se trouva chargé de cette commission. Les chorégus étoient si fiers et si orgueilleux de la gloire qu'ils avoient acquise lorsqu'ils avoient donné le plus beau spectacle, que *Thémistocle*, ayant rempli avec honneur les fonctions de *chorégus*, fit élever un monument qui portoit cette inscription : *Thémistocle Phrarien étoit chorégus : Prynigus faisoit représenter sa pièce : Adimante présidoit.*

Le chant des chœurs, soit dans les temples, soit dans la tragédie, ne sortoit jamais du genre diatonique. Les auteurs anciens disent que c'étoit par rapport aux sentimens de grandeur et d'élévation, qui sont l'attribut de la musique lyrique et religieuse. Si ces écrivains eussent voulu parler le langage de la vérité, ils auroient dit que l'on ne pouvoit se servir que du genre diatonique, n'ayant pas de choristes capables d'exécuter une progression chromatique.

Malgré le talent médiocre de ces chanteurs, les Grecs éprouvoient la plus vive jouissance à entendre l'exécution d'un chœur, soit dans le temple, soit sur le théâtre, soit dans les fêtes particulières. Leur admiration s'augmentoit en proportion de l'ensemble qui régnoit dans l'exécution, c'est-à-dire, à mesure que les mouvemens et les grâces des danseurs, combinés avec les sons harmonieux et les paroles des chanteurs, se trouvoient dans un accord parfait avec le rhythme et la mesure d'un joueur de flûte, de cithare ou de lyre.

A l'exception *des fêtes de Bacchus*, le chœur n'étoit jamais accompagné dans le temple que par la flûte; au théâtre on renforçoit cet accompagnement par la cithare, le psalterion, la lyre, le chalumeau, les castagnettes, les cymbales, etc. Dans les festins particuliers, on aimoit à unir la flûte à la lyre, ou à la cithare, pour accompagner le chant et la danse.

L'emploi que les Grecs faisoient des chœurs

est aussi singulier que leur goût exclusif pour la flûte. Ils ne pouvoient ni voir ni saisir l'expression d'une danse, à moins que le chant du *chœur*, joint au son de cet instrument, ne leur en donnât l'explication. Ils n'osoient s'approcher d'une divinité, si le son de la flûte ne leur inspiroit les sentimens dont à sa vue leur ame devoit être pénétrée : il en étoit de même des délices de la table qui, sans le chant accompagné de la flûte, n'avoient point de charmes pour eux. Point d'expression de joie dans la prospérité; point de consolation dans les revers (1); point de première jouissance conjugale, sans l'assistance des chœurs et du zhythme de la flûte. A la guerre même tout espoir de victoire étoit perdu, si les joueurs de cet instrument manquoient un seul instant la mesure.

Le principe d'un enthousiasme aussi singulier pour les sons d'un seul instrument, eut son origine véritable dans une religion fanatique, qui commandoit soumission entière aux dieux, et obéissance aveugle aux préceptes dictés par les prêtres. Ces principes religieux gravés dans le cœur des Grecs dès leur enfance, devenoient les

---

(1) Les nouveaux mariés étoient conduits au lit nuptial au son des flûtes, et les chœurs faisoient entendre leur chant une partie de la nuit.

mobiles et la règle de toutes les actions de leur vie. Ils n'entreprenoient rien d'important, soit en paix, soit en guerre, sans avoir consulté une divinité, dont ils imploroient l'assistance. Le moyen de la rendre propice à leurs vœux étoit, selon la doctrine des prêtres, de lui porter des offrandes, et de faire retentir le temple du chant d'un hymne à sa gloire (1). Ce dévouement étoit si général, qu'un citoyen, quelque pauvre qu'il fût, l'esclave même, auroit regardé comme imparfait l'hommage le plus pur à la divinité, s'il n'eût payé un musicien qui, pendant tout le temps que duroit l'offrande, jouoit de la flûte à côté de la statue.

Malgré leur fanatisme, les Grecs se distinguoient des autres peuples par des vertus civiles et guerrières, fruit d'une éducation qui leur inspiroit le courage d'aller au-devant de l'ennemi, en chantant des hymnes et en dansant la *pyrrhique*.

Cependant ces avantages ne purent balancer les effets de la superstition, qui fut souvent cause de leurs revers.

Quand la lune étoit à son déclin, les Lacédémoniens craignoient qu'elle ne revint plus à son

---

(1) Les Grecs avoient déjà créé une infinité de dieux et de divinités, mais le nombre en fut encore considérablement augmenté par les colonies Égyptiennes et Phrygiennes qui vinrent s'établir en Grèce, et dont ils adoptèrent les dieux et les mystères.

plein s'ils avoient le malheur de se la rendre défavorable, et ce ne fut que cette inquiétude qui les empêcha de marcher contre les *Perses* et de se trouver à la glorieuse journée de *Marathon*, parce qu'il auroit fallu partir trois jours avant la nouvelle lune. (*Voyez* Herod., Lib. 4; Paus. in Alt., C. 28).

Si les Grecs craignoient les phases de la lune, on ne doit pas s'étonner qu'ils redoutassent les éclipses. Nicias, général athénien, perdit une bataille dans laquelle il fut tué, et qui détruisit la puissance des Athéniens en Sicile, par la seule cause que ce général n'osa se mettre en marche ni faire manœuvrer son armée pendant toute la durée d'une éclipse de soleil.

Les Thébains refusèrent aussi de marcher durant une éclipse, et *Pélopidas*, leur général, fut obligé d'aller livrer bataille à Cinocéphale avec un corps de trois cents hommes, dont aucun n'échappa. (*Voyez* Plutarque).

Périclès fut le seul qui, par son adresse et son énergie, réussit à exécuter une expédition importante pendant une éclipse de soleil, qui avoit lieu au moment de l'embarquement. C'est donc avec raison que Plutarque disoit : *les ténèbres de la superstition sont plus à craindre que celles des éclipses.*

Avant que d'aller plus loin, nous tracerons ici une esquisse de la musique guerrière des peuples de l'antiquité. Observons d'abord que les exercices

et

et les expéditions militaires des anciens ne pouvoient se faire qu'accompagnés d'un ou de plusieurs instrumens de musique, qui, par leurs sons, marquoient les pieds rhythmiques d'un genre de poësie; c'étoit toujours d'après cette mesure qu'ils dirigeoient leurs mouvemens.

Outre ses talens militaires, chaque peuple avoit son instrument de musique qui lui servoit de guide et d'encouragement. Les *Spartiates* attaquoient leurs ennemis au son de la flûte; les *Lydiens* marchoient au combat au son des syringes et des flûtes. L'instrument de guerre des *Egyptiens* étoit le sistre, et les *Parthes* se préparoient au combat au son d'un chaudron de cuivre couvert de peau. La musique militaire des *Crétois* étoit la flûte accompagnée de la cithare; les *Perses* faisoient leurs évolutions au son perçant d'un cornet; les *Indiens* se servoient d'un morceau de bois de sapin creusé, couvert d'un cuir de bœuf et entrelacé de petits grelots; les *Ethiopiens* seuls alloient au combat en dansant au son des timbales et des trompettes, ce qui leur valoit de la part des Grecs le titre de barbares.

Polybe, ancien auteur cité par *Athénée*, ne s'explique qu'à moitié sur cette différence dans les instrumens employés à la guerre. Il dit: « Ne » croyons pas que dans leurs premières institu-

» tions les Crétois et les Lacédémoniens aient
» introduit au hasard, dans leurs expéditions
» militaires, le jeu de la flûte et le rhythme du
» chant, au lieu d'avoir choisi le son bruyant de
» la trompette, etc. »

Polybe, dans cette phrase, ne satisfait pas entièrement notre curiosité; Agésilas s'expliqua plus clairement, lorsqu'on lui demanda pourquoi les Spartiates avoient choisi de préférence la flûte pour leur instrument de guerre; il répondit : « quand les soldats marchent en suivant la cadence
» du rhythme de la flûte mélodieuse, nous pou-
» vons remarquer à leurs mouvemens ceux qui
» ont du courage et ceux qui sont des lâches ».

L'expression *marcher en cadence*, doit être prise dans ce sens : *marcher au pas métrique du rhythme de la flûte*. Aucun peuple de l'antiquité n'a mieux senti, mieux connu, mieux observé et plus généralement employé le rhythme et le mètre des différens genres de poësie que les Grecs : s'ils s'expliquent quelquefois un peu légèrement sur cet art, c'est qu'ils le regardoient comme la chose la plus ordinaire et qui leur étoit familière depuis leur enfance.

Agésilas dit encore : « les Spartiates, dans leur
» musique militaire, avoient adopté le rhythme
» des vers *anapæstes*, comme le plus propre
» à exciter le courage des braves et à faire rou-

» gir les lâches ». Ce rhythme, composé de deux brèves et d'une longue, étoit d'un mouvement très-animé entièrement semblable au pas de charge; comme seroit dans notre style musical:

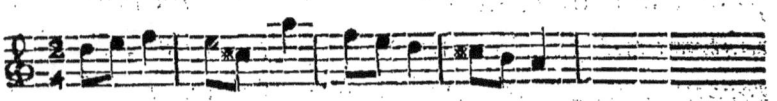

Alcime, ancien auteur grec, raconte que les Tyrrhéniens alloient jusqu'à fouetter leurs esclaves au son de la flûte; mais il ne nous apprend pas si c'étoit pour adoucir la souffrance, ou si la flûte devoit marquer le temps de la mesure dans laquelle les coups étoient frappés. Au reste, l'emploi des petites flûtes et des tambours, dans les punitions militaires, n'est-il pas généralement connu chez les peuples de l'Europe ?

L'éducation des Grecs étoit conforme aux principes de leur religion et de leur politique. L'Etat, salariant honorablement les instituteurs et les maîtres, il leur étoit enjoint d'inspirer spécialement à leurs jeunes élèves, le respect et la reconnoissance envers les dieux, l'amour de la patrie, le sentiment de l'amitié la plus pure, et la noble passion de la gloire. D'après cela, ils instruisoient les enfans dès l'âge de cinq ans dans les premiers élémens de l'écriture et dans les exercices gymniques : ces connoissances préliminaires acquises, on passoit à la musique, regardée comme la partie la plus essentielle de leur éducation (1).

Ce mot de musique chez les Grecs avoit une acception infiniment plus étendue que de nos jours, il réunissoit à la fois la *musique vocale* et *instrumentale*, la *danse*, la *grammaire*, la *rhétorique*, la *poësie*, la *mythologie*, les *mathématiques* et plusieurs autres sciences.

Cette explication suffit pour nous faire comprendre les paroles de Platon, lorsqu'il dit que l'on ne peut parler de la musique *sans embrasser les parties d'une éducation parfaite*; c'est aussi dans le même sens que les Grecs disoient, d'un homme qui n'étoit pas bien instruit dans les différens genres de chœurs, *qu'il avoit été mal élevé*, ou *qu'il n'avoit point d'éducation*, et par opposition, ils vantoient ceux qui se montroient connoisseurs dans l'emploi des chœurs, parce que l'on ne pouvoit connoître le caractère et l'emploi des hymnes consacrés aux fêtes et au culte de leurs divinités, sans être un homme fort instruit, et initié dans les mystères.

Ils jugeoient sur l'article de la musique avec la

---

(1) A l'égard de la partie instrumentale, c'étoit chez tel peuple la lyre, et chez tel autre la flûte que les lois prescrivoient d'enseigner aux enfans.

dernière rigueur et sans nul égard, pas même pour les personnes les plus respectables. *Thémistocle* détruisit en un moment la haute opinion que l'on avoit de lui, quand il refusa dans un festin de chanter et de jouer de la lyre; dès ce moment il fut regardé comme un homme très-mal élevé, et l'estime publique se porta sur *Cimon*, général athénien, qui savoit chanter des hymnes et s'accompagner de la lyre.

L'histoire nous a transmis une infinité de noms de philosophes et de guerriers du premier rang qui ont fait leur étude principale de la musique, parce qu'elle renfermoit toutes les sciences.

Socrate, encore dans un âge très-avancé, faisoit consister sa plus grande jouissance dans l'étude de la musique.

Pythagore de *Samos*, philosophe si renommé, s'en occupa avec beaucoup d'ardeur; mais lorsqu'il dit que l'univers étoit arrangé selon les proportions les plus exactes *de la musique*, il faut entendre les proportions *physiques et mathématiques*.

Sophocle avoit composé lui-même la musique de ses tragédies; lorsqu'on représenta la tragédie de *Thamyris*, il joua de la cithare pour mieux faire aller les chœurs; et à la première représentation de sa *Nausicaa*, il montra la plus grande habileté à danser le jeu de balle (1). Après la victoire de Salamine, il dansa, une lyre à sa main, auprès du trophée élevé par les vainqueurs.

Pindare composa, à la fois, la déclamation et les chœurs de ses comédies lyriques.

Tyrtée s'est aussi immortalisé par ses talens poëtiques et par ses connoissances dans la musique instrumentale, etc., etc.

Nous avons vu plus haut que les chœurs chantoient des hymnes en l'honneur des dieux ou des héros. Les Grecs les avoient admis dans les festins, parce qu'ils étoient persuadés que la musique, lorsqu'elle exprimoit les éloges d'un grand homme ou un hommage à la divinité, devoit inspirer aux convives plus de respect et de décence.

Homère a dit, dans l'odyssée, *que le chant et la danse étoient les plus agréables ornemens d'un festin*; sur quoi *Plutarque* fait l'observation suivante : « Il ne faut pas s'imaginer qu'*Homère* fit
» consister l'usage de la musique dans le seul plai-
» sir que font éprouver des sons harmonieux,
» mais examinez ces vers et vous trouverez qu'un
» sens très-profond y est renfermé ». *Aristoxène* soutient que l'harmonie est seule capable de tempérer la trop grande force du vin; et que si l'on introduisit la musique dans les repas, c'est par ce

---

(1) Les Grecs appeloient aussi cette danse *Phœninde*.

que le vin portant l'agitation dans le corps et le trouble dans l'esprit des convives, la musique, par la douceur et la régularité de ses sons, les ramenoit à la raison et rétablissoit le calme.

Plutarque et Aristoxène ne paroissent pas avoir bien saisi le sens profond caché dans les vers d'*Homère*, quoiqu'il nous semble très-aisé à expliquer. Le chœur n'etoit admis dans les festins que vers la fin du repas; jusque-là les convives s'amusoient à chanter des airs bachiques, se livroient à toute la gaieté de la table et souvent aux folies de la débauche; dès l'instant où le chœur arrivoit, tous ces plaisirs profanes étoient suspendus: accompagné par le son des instrumens, le chœur prenoit des attitudes religieuses, dansoit et chantoit un hymne en l'honneur des immortels, invoquoit leur protection toute-puissante pour la prospérité de la patrie et pour le bonheur de chaque convive en particulier. Tout ce que cette musique offroit de majestueux et de solennel, joint à la crainte et au respect que les Grecs avoient pour leurs dieux, les faisoit rentrer subitement en eux-mêmes: voilà comment la musique pouvoit calmer leurs esprits agités et réprimer les effets du vin.

La quantité des individus qui composoient un chœur n'étoit point déterminée, et le nombre dépendoit du goût et de la fortune de celui qui donnoit le festin.

Dans le repas de noces donné par *Caranus*, on vit entrer dans la salle un chœur composé de cent hommes qui chantoient un *épithalame*, accompagné par des joueurs et joueuses de flûte et d'autres instrumens, suivis de *Rhodiennes* qui pinçoient du *psalterion* : après eux paroissoit une troupe de danseuses, habillées les unes en nymphes, les autres en néréides, etc. (*Voyez* la description de cette fête dans Athénée).

Le chœur dans la tragédie étoit d'un autre genre: il étoit composé d'un nombre d'acteurs des deux sexes et de différens âges, qui prenoient part aux événemens importans de la pièce. Dans les premières tragédies que l'on vit sur le théâtre d'Athènes (1), le chœur chantoit et dansoit en même temps, comme dans le temple ; mais l'on s'aperçut bientôt que les danseurs étoient forcés d'interrompre leur chant pour prendre haleine ; alors il fut dé-

---

(1) L'introduction de la tragédie, ou, si l'on veut, son invention par les Grecs, date de l'an du monde 3120. Les Athéniens, jaloux de réunir chez eux toutes les productions d'esprit que possédoient les autres peuples, essayèrent d'imiter les tragédies des Egyptiens, qui consistoient en un chœur nombreux de joueurs d'instrumens de musique, et un chœur de danseurs qui chantoient en dansant. Les Grecs éprouvèrent un si grand plaisir à la vue de ce spectacle, qu'à l'exception de Sparte, toutes les grandes villes de la Grèce s'empressèrent d'en établir chez eux.

cidé qu'une partie chanteroit pendant que l'autre danseroit ; cet usage s'est soutenu jusqu'à nos jours.

Ces chœurs, par la manière dont ils étoient employés, nuisoient beaucoup à la marche de l'intrigue et détruisoient souvent toute vraisemblance, outre qu'ils remplissoient les entr'actes par des chants qui, pour l'ordinaire, n'étoient que la répétition de ce qui s'étoit passé, ou l'annonce de ce qui arriveroit dans l'acte suivant. De plus, ils couvroient les deux tiers du théâtre, ce qui amenoit les situations les plus ridicules. Les principaux personnages de la pièce ne pouvoient se parler confidentiellement sur l'avant-scène, se livrer à aucune passion, former aucune conspiration contre l'État ou les particuliers, sans que la foule, assemblée autour d'eux, n'en fût instruite. Les reines et les princesses s'entretenoient de leurs amours secrètes, et souvent de leurs intrigues criminelles, devant un peuple entier (1).

---

(1) Nous trouvons dans les mémoires de l'Académie des Inscriptions et belles lettres, une dissertation de M. Vatry, dans laquelle cet auteur parle des avantages que la tragédie ancienne retiroit de ses chœurs. Ce n'est que par égard pour la société respectable dont M. Vatry étoit membre que nous nous refusons à réfuter cette dissertation ; mais comment se pouvoit-il que l'Académie applaudît à un ouvrage si plein d'erreurs et de contre-sens ?

La comédie grecque avoit aussi ses chœurs, ainsi que les pièces satiriques, qui n'étoient composées que d'un chœur chantant avec son coryphée, de joueurs de flûte et de danseurs, sans qu'il y eût d'autres acteurs qui jouassent de principaux rôles, comme dans la comédie moderne.

Avant que de commencer l'exposition historique de la partie du chant, nous croyons à propos de décrire la forme des salles de spectacle chez les anciens Grecs. Aucun poëte ou historien de l'antiquité ne nous ayant fait connoître quelles étoient les raisons qui engageoient les Grecs à défigurer leurs théâtres par l'inégalité des planchers, nous nous contenterons d'en tracer le tableau, laissant à chacun la liberté d'en faire l'explication qu'il jugera convenable.

Les Grecs divisoient leur théâtre en trois parties; la seconde étoit plus élevée que la première et la troisième plus que la seconde. La troisième partie, qui étoit le fond du théâtre et la plus éloignée des spectateurs, s'appeloit l'*avant-scène*, et ce n'étoit que là où les acteurs chargés des principaux rôles osoient paroître ; la seconde partie, séparée de l'avant-scène par une ou deux marches, s'appeloit *thymelée* ou autel, parce qu'elle avoit la forme d'un autel carré : c'est sur le thymelée qu'étoient placés les danseurs et les chœurs qui, jouant le rôle d'amis ou de cliens, alloient de temps en temps se joindre aux acteurs de l'avant-scène ; enfin, la troisième partie, la plus basse et la plus grande, s'appeloit *orchestre* : c'est là où étoient placés les joueurs d'instrumens, les chanteurs et les danseurs subalternes qui remplissoient les entr'actes.

La tragédie grecque se distinguoit encore par une autre originalité : c'est que les rôles de femmes y étoit représentés par des hommes travestis : les femmes ne paroissoient sur le théâtre que pour danser dans les entr'actes. Les anciens donnent pour motif de cette exclusion des femmes dans la tragédie, qu'elles n'avoient pas la force d'étendre la voix comme les hommes, de manière à être bien entendues d'un peuple innombrable qui remplissoit les amphithéâtres, quoiqu'elles pussent, ajoutent-ils, apprendre l'art de la déclamation et savoir, peut-être avec plus de vérité que les hommes, exprimer par des gestes la délicatesse des sentimens et la violence des passions.

Les principes de la musique dans la partie du chant n'avoient aucun avantage sur les nôtres : composés du nombre effrayant de 1620 signes ou caractères que représentoient les notes pour la voix et pour les instrumens, ils n'étoient propres qu'à offrir autant de difficultés que de confusion. On enseignoit aux élèves à connoître les différentes espèces d'hymnes, dont les uns étoient consacrés au culte, les autres composés pour des fêtes particulières. Il falloit en connoître parfaitement le caractère, la mesure et l'harmonie, pour ne pas s'attirer la double peine du châtiment des lois et du courroux des dieux (1).

Le nombre des dieux, des divinités subalternes, des demi-dieux et des héros qui étoient l'objet de l'adoration des Grecs, a dû aller à l'infini, car Hésiode en comptoit déjà de son temps au delà de trois mille. S'il est vrai que la différence de caractère et de puissance de tous ces dieux a souvent fait de l'Olympe un foyer de jalousies, d'intrigues et de disputes, les Grecs devoient se trouver embarrassés pour rendre à chacun en particulier un hommage qui n'en blessa aucun autre ; mais ce peuple ne portoit point ses réflexions aussi loin ; il s'abandonnoit aveuglément aux deux principes de son culte et de sa croyance : *l'amour du plaisir et la crainte du mal physique.* Pour s'assurer de l'un et éloigner l'autre, il se laissoit persuader que les dieux, quoique d'une nature supérieure à celle des hommes, se plaisoient à se voir représenter sous une forme corporelle et recevoir les offrandes des mortels : c'est ainsi qu'ils se

---

(1) Pline, en se moquant des Grecs, dit que le nombre de leurs divinités surpassoit celui des hommes vivans : *Major cælitum numerus quam hominum.*

créèrent un si grand nombre de divinités, que chaque nation, chaque ville et chaque famille eût les siennes, qui pouvoient être vues et touchées. Voilà l'origine des dieux domestiques ou pénates, des divinités protectrices pour chaque état, pour chaque entreprise, pour chaque occupation, pour les productions de la terre et même pour les plus coupables passions; *Priape* eut ses autels, ses fêtes et ses sacrifices; les femmes lui offroient des couronnes et des fleurs; les plus dévotes et les plus zélées couronnoient respectueusement la partie humaine qui faisoit l'objet de leur vénération (1).

Les Grecs avoient diverses sortes de cantiques que l'on appeloit *hymnes*, *thrènes*, *péanes*, et *dithyrambes*.

Les hymnes contenoient toutes les espèces de louanges qui pouvoient étendre l'idée sublime de la divinité ; ils étoient regardés comme une émanation des dieux mêmes, ou du moins comme l'ouvrage de quelques mortels privilégiés et inspirés par eux; on les chantoit pour invoquer leur assistance, obtenir leurs bienfaits, ou fléchir leur colère

Les *thrènes*, en latin *threnodia*, étoient des lamentations que l'on chantoit dans les temples et

---

(1) *Voyez* Saint Augustin *de civitate Dei* ; et Tertulien, qui disoit : *virile membrum totum est mysterium.*

dans les sacrifices, dans les temps de calamités publiques. Homère appelle *thrènes* les musiciens qui chantoient des poëmes lugubres; et Meursius en fait l'explication suivante : *Hi vero differre threnum et epicedium dixere, quod threnes cenatur in ipsa miseria ante elatum funus*, etc. D'autres ont dit que le thrène différoit de l'épicède, en ce qu'on chantoit le premier avant, et l'autre après l'enlèvement du convoi.

Les *péanes* ou *péones*, en latin *pœanes*, étoient un genre de poésie inventé, dans l'origine, pour composer et chanter les hymnes en l'honneur d'Apollon, qu'on nommoit *Péan* de Παιών, qui signifie *frappant*, parce qu'il avoit terrassé le serpent Python. Ces hymnes étoient caractérisés par l'exclamation de *jo ! Paian*, qui veut dire Apollon, lance tes flèches. Comme le mot Paian étoit un surnom de ce dieu, et que cette exclamation se répétoit plusieurs fois dans un de ces hymnes, il s'ensuivoit que l'on nommoit *péanes* tous les hymnes composés en l'honneur d'Apollon.

Leur caractère exprimoit une joie triomphale; et c'est sans doute pour cette qualité que, par la suite, on composa aussi des péanes en l'honneur d'autres divinités, et même des grands hommes jugés dignes de l'apothéose ou de l'immortalité.

On les chantoit dans les fêtes consacrées à Apollon, avec le simple accompagnement d'une flûte (1), ainsi que dans les repas après les libations, avant de se lever de table. Quelquefois on en faisoit usage dans les temps de contagion épidémique, pour fléchir Apollon et le rendre sensible aux vœux publics, parce qu'il étoit regardé comme le dieu de la médecine (2).

Les *dithyrambes* étoient un genre de cantiques qui respiroient tout le délire poëtique ; on les chantoit dans les repas, dans les fêtes et dans les libations consacrées à Bacchus, lorsque les têtes étoient échauffées par les fumées du vin. *Il n'y a pas de dithyrambes où l'on ne boit que de l'eau*, disoit Epicharme; et Archiloque chantoit : *je sais entonner un brillant dithyrambe en l'honneur de Bacchus, lorsque j'ai le cerveau foudroyé par le vin.* Les instrumens que l'on employoit pour accompagner ces chants étoient la *double flûte*, la *flûte de Pan*, les *cymbales*, les *crotales* ou *castagnettes*, les *tympanons*, les *cornets* et les *buccins*.

---

(1) On appeloit *pythaules* les musiciens qui jouoient les péanes sur la flûte.

(2) Thucydide et Xénophon nous apprennent qu'avant de livrer un combat, l'on chantoit un péan en l'honneur du dieu Mars, pour invoquer son assistance ; et qu'après la victoire, on chantoit des péanes dont Apollon seul étoit le sujet.

Montfaucon, dans son ouvrage précieux, nous donne la description d'une danse bachique exécutée par trois nymphes; l'une en dansant tenoit des *crotales* à la main; l'autre pinçoit une *lyre*, et la troisième jouoit des *cymbales*, tandis qu'un faune exécutoit l'air de la danse sur la *double flûte*. Dans une autre description, cet auteur dit d'une procession de Bacchus: les *centaures* jouent les uns de la *double flûte*, ou de la *lyre*, d'autres sonnent de la *trompette*, tandis que les bacchantes jouent du *tympanon* et des *cymbales*.

Plutarque observe que l'on ne chantoit des péanes que pendant les premiers neuf mois de l'année, et que dans les trois mois de l'hiver, on se livroit au charme fougueux et bizarre des *dithyrambes*.

Cette assertion a beaucoup de vraisemblance, car les Grecs croyoient religieusement que les dieux dormoient en hiver; et ne redoutant pas leur œil observateur pendant ce temps, ils ne craignoient point de se livrer à des plaisirs plus bruyans et plus licencieux. Mais au réveil de leurs dieux, qui s'opéroit avec le commencement de l'année, ils quittoient bien vîte le chant des dithyrambes et reprenoient les péanes.

Pour parvenir à connoître les motifs d'un dogme aussi absurde, il nous faut recourir aux premiers principes de leurs mystères. Les initiés étoient
instruits

instruits dans la politique, dans la mythologie et dans la physique; mais on ne leur expliquoit l'histoire de la nature que dans un sens figuré. La science ne se communiquoit que sous des expressions allégoriques, qui devoient rester indéchiffrables pour le vulgaire. C'est ainsi que le déclin de la nature et la fin de toutes les choses de ce monde étoient représentés *par la saison de l'hiver*. Ainsi, lorsque dans la célébration des fêtes de Bacchus, les prêtres et le peuple commençoient par des hurlemens et des cris de désespoir, courant par tout comme des insensés, et puis se livrant à la joie, à l'ivrognerie et à tous les excès du libertinage, c'étoit pour peindre et exprimer la renaissance de la nature et la résurrection ou le réveil de leurs dieux (1).

---

(1) Saint Clément d'Alexandrie, ainsi qu'Eusèbe, prétendent que dans l'origine toutes les fêtes des anciens étoient consacrées à la tristesse, et ils appellent ces fêtes, dont nous connoissons les extravagances et les immoralités, *des fêtes de morts*. Boulanger s'est assurément trompé, en attribuant à tous les peuples de l'antiquité la connoissance et le souvenir effrayant d'un déluge : cependant sa description des fêtes des anciens est très-intéressante, et porte un caractère de vérité. Il dit, si la fin de ces solennités et de ces mystères présentoit le spectacle d'une joie quelquefois dissolue, ils commençoient communément par une tristesse profonde, par le deuil, par les larmes,

Tome I.

Homère, Callimaque, Horace, Pindare, Aristide, Quintilien, etc., nous ont conservé, dans leurs ouvrages, des fragmens de ces différens genres de poësie, que l'on ne peut lire sans payer un tribut d'amiration à ces poëtes immortels. Dans les manuscrits d'Aristide, de Quintilien et de Bacchius Senior, se trouvent des hymnes avec des notes grecques, que M. Burette a traduits et publiés dans les mémoires de l'Acad. des Insc. et belles lettres, de 1723.

M. Burette, homme éclairé dans les sciences, et animé d'un zèle presqu'inimitable, a fait sur la musique des anciens, des recherches qui lui ont mérité l'estime de tous les vrais amateurs de l'histoire des arts. Appréciant plus que personne le mérite de ce célèbre académicien, nous avons profité de quelques-unes de ses découvertes, qui portent le sceau de la vérité; mais nous n'avons pas hésité à dévoiler en même temps les imperfections, et à combattre les erreurs dont ses dissertations ne sont pas exemptes.

En traduisant les caractères grecs en notes mo-

---

par des lamentations et les hurlemens les plus effrayans : tout y peignoit la mort, les tombeaux, les désastres. Enfin, la joie reparoissoit : c'étoit une nouvelle vie, une renaissance, une sorte de résurrection (*Voyez* Boulanger, Antiq. dévoilée, tome II).

T. I. P. 99.

Fig: A. Ι Μ Μ Μ Ι C P : Μ

Fig: B. Νἐἰεσὶ πἔῤὀεσσαι, Βίου ῥοπὰ

Fig: C.

Fig: D. Φ Μ Ζ Ζ Ζ Ε Ζ Ι Ζ Μ

Fig: E. Κύκνῳ ἐπὶ θεσπεσίῳ ἐπὲ ΔΙ̇Μοις

dernes, M. Burette a commis la grande faute : 1°. de supposer et attribuer aux Grecs des connoissances que nous ne devons qu'aux études et à l'esprit inventif des modernes. Dans la mélodie de ces hymnes il a introduit des pauses, des soupirs, des bémols, etc., dont les Grecs n'ont jamais conçu la moindre idée, et qui, par conséquent, ne sont pas indiqués dans les manuscrits; car aucun poëte ou musicien grec n'en a parlé ; 2°. d'avoir voulu renfermer le chant de ces hymnes dans les bornes d'une mesure moderne : cette gêne est contraire à la déclamation du vers et à la cadence du rhythme. Chez les Grecs, la mélodie ne faisoit entendre que l'union parfaite entre les pieds poëtiques du vers et les pieds musicaux du chant; et voilà pourquoi elle ne doit pas être notée dans un genre de mesure moderne, ou plutôt elle ne doit point du tout être écrite à la manière moderne. Pour montrer à nos lecteurs un exemple de la véritable traduction du chant grec, nous commencerons par les deux premiers vers de l'hymne à *Némésis*. Voyez la planche ; la fig. B. est la poësie ; la fig. A. les caractères qui représentent les notes grecques; la fig. C. les caractères grecs, exprimés par des notes modernes.

Si dans cet exemple nous ne voyons aucune indication de la mesure, c'est parce que les Grecs ne connoissoient dans leur musique que la stricte observation des syllabes longues et brèves, et qu'ils donnoient à la syllabe longue, qui remplissoit le frapper de la mesure, une double valeur de la syllabe brève, qui tomboit sur le lever. Cette mesure est la seule que les chanteurs grecs avoient besoin de connoître, et c'est celle que le maître de musique s'efforçoit de leur faire bien sentir.

Nous ne savons rien de positif sur le mouvement qu'ils donnoient à leur chant, et sur le mode de leur exécution en général; car tout ce que les gens de lettres, ainsi que les savans musiciens, ont cru découvrir à ce sujet dans les ouvrages des anciens, n'est fondé que sur des suppositions et des conjectures, dont le seul résultat est d'avoir augmenté le nombre des erreurs dans lesquelles nous sommes sur l'antiquité.

Si M. Burette avec sa mesure de $\frac{3}{2}$, ses pauses, etc., a défiguré la forme antique de ces hymnes grecs, il ne peut qu'être désapprouvé par la postérité plus éclairée, et moins prévenue en faveur de la musique des anciens. Il nous reste cependant encore une remarque à faire : c'est qu'en plusieurs endroits la mélodie même n'a plus son caractère primitif. Comment M. Burette ne s'est-il pas douté que ces intervalles disparates de neuvièmes et de dixièmes, qui contrastent si fortement avec le reste de la composition du chant, sont des fautes dans le manuscrit, commises par des copistes infidelles?

Il y auroit de quoi écrire un ouvrage entier, si l'on vouloit réfuter et discuter toutes les fausses notes, toutes les altérations du rhythme qui se trouvent dans la traduction que M. Burette a faite d'après les manuscrits de la bibliothèque de Paris et de celle de Florence, la comparer avec la traduction du manuscrit d'Oxford, et avec le *Dialogo della musica antica e moderna, de Vincenzo Galilei,* et expliquer ensuite les changemens que nous avons admis, en suivant les critiques savantes du célèbre Marpurg (1). Nous

---

(1) M. Marpurg, conseiller dans l'administration de la loterie à Berlin, fut un de ces hommes rares, dont un seul suffit pour illustrer une nation entière. Il étoit très-instruit dans les sciences, et possédoit à fond une partie des langues anciennes et modernes; il composa dans un style correct, où l'art brille sans défigurer la nature; il étoit le théoriste le plus fécond, et la Germanie lui doit les ouvrages les plus précieux sur toutes les parties scientifiques de la musique. C'est lui qui perfectionna l'aesthétique, en la purgeant d'anciens dogmes fautifs, et qui nous apprit à connoître la meilleure proportion des intervalles. Il nous a donné une histoire de la musique, une poëtique et beaucoup d'ouvrages critiques. Son traité de l'harmonie, ses ouvrages sur la composition, etc., sont les plus systématiques et les plus instructifs de notre siècle; enfin son traité de la composition de la fuge est un ouvrage immortel.

nous bornerons à ne présenter à nos lecteurs que le tableau comparatif d'un seul hymne, et nous indiquerons par un ✢ les changemens que nous avons faits dans la mélodie et le rhythme des autres.

L'hymne à Némésis, dont nous ne possédons la musique que des cinq premiers vers et le commencement du sixième, se trouve tab. I, fig. 1 (1). Le lecteur instruit y remarquera facilement dans le rhythme, dans la mesure et dans la mélodie, les changemens que nous avons adoptés, et que nous nous réservons de justifier dans une autre occasion.

Voici la traduction française :

HYMNE A NÉMÉSIS.

« Ailée Némésis ! puissant mobile de notre
» vie ! déesse aux yeux noirs ! fille de la Justice,
» qui, par un frein que rien ne peut rompre, sa-
» vez réprimer le vain faste des mortels, vous
» êtes l'ennemie de leur pernicieuse insolence, et
» vous chassez loin de vous la noire Envie. C'est
» au gré de votre roue, qui n'a nulle stabilité et
» ne laisse aucune trace, que tourne la riante for-

(1) L'écriture grecque n'étant pas généralement connue, nous avons jugé plus convenable de la rendre par les caractères de notre langue.

« tune des hommes. Vous les suivez pas à pas
» sans en être aperçue. Vous faites courber leur
» tête superbe. Vous mesurez sans cesse leurs
» jours à votre règle (en grec, à votre aune).
» Sans cesse vous froncez le sourcil, tenant en
» main la balance. Soyez-nous favorable, divin
» ministre de la justice, ailée Némésis, puissant
» mobile de notre vie. Nous chantons les louanges
» de Némésis, déesse incorruptible, infaillible ;
» et celles de la Justice sa compagne, de la Justice
» aux ailes déployées et au vol rapide, qui sait
» affranchir de la vengeance divine et du Tartare,
» l'héroïque vertu des humains ».

L'auteur de l'*Essai sur la musique ancienne et moderne* a non-seulement copié ces hymnes d'après M. Burette, mais il a même voulu s'immortaliser par une caricature musicale, en publiant l'hymne à Némésis *à quatre parties*. Le chant grec n'étant pas composé pour supporter un accompagnement d'harmonie, rien n'est plus ridicule que les efforts scientifiques des gens de l'art, qui essayent d'y substituer une basse et des parties de remplissage ; mais en même temps on est indigné à la vue d'une folle production, pleine de fautes grossières, que désavoueroit le dernier apprenti en composition.

HYMNE A APOLLON.

Que le ciel entier applaudisse. Que les montagnes et les vallées, que la terre et la mer, que les vents, les échos et les oiseaux gardent un profond silence. Phébus à la longue chevelure et à la voix mélodieuse, va descendre vers nous. Père de l'aurore aux yeux brillans (en grec, aux blanches paupières), qui, orné d'une chevelure d'or, faites voler sur la voûte immense du ciel votre char lumineux (de roses) traîné par des coursiers ailés! vous répandez de toutes parts vos rayons, et promenez par toute la terre une riche source de splendeur. De votre sein partent les torrens (les fleuves) d'un feu immortel, qui enfantent l'aimable jour. C'est pour vous que le chœur serein des astres danse au milieu du suprême Olympe et chante perpétuellement des airs sacrés au son de la lyre de Phébus. La lune, de son côté, moins brillante (pâle) et dont le char est tiré par de jeunes taureaux blancs, préside au temps de la nuit, qui est son apanage; et son cœur modeste et sensible se réjouit, lorsque dans sa marche circulaire, elle étale une parure brillante et variée.

La musique des six premiers vers de cet hymne étant perdue, il nous faut commencer le chant par le septième vers; *voyez* tab. II, fig. 1.

DITHYRAMBE A LA MUSE CALLIOPE.

« Chantez, muse, qui m'êtes chère, et donnez le
» ton à ma voix. Que l'air de vos bocages vienne
» agiter mon ame. Sage Calliope, qui marchez à la
» tête des charmantes muses; et vous qui nous ini-
» tiez à vos mystères, sage fils de Latone, Apollon
» Délien, soyez-moi propice, etc. »

Le rhythme du premier vers est entièrement faux dans la traduction de M. Burette; le chant doit commencer en levant; *voyez* tab. III, fig. 1.

Ière. ODE PYTHIQUE DE PINDARE (1).

« Lyre dorée, compagne inséparable d'Apollon
» et des muses à la belle chevelure, vous réglez
» par vos sons les mouvemens de la danse, qui
» est l'ame de la joie. Les chantres obéissent à
» votre signal, lorsque pincée d'une main délicate
» vous faites entendre les préludes de ces airs qui
» donnent le ton aux chœurs des musiciens; et
» par le charme de vos cordes, vous pouvez
» éteindre les traits enflammés de la foudre, etc. »
Voyez la musique, tab. III, fig. 2.

Les Grecs avoient aussi une infinité de chansons, dont le sujet étoit moral, mythologique, historique;

---

(1) Kircher, en traduisant le chant de cette ode en sol mineur, l'a entièrement défiguré et dénaturé. Les Grecs ne connoissoient point notre tonique de sol mineur.

ou moins relevé, comme le vin, la bonne chère, les saisons, les métiers, etc. Ces chansons étoient de l'antiquité la plus reculée, et datoient de la première instruction de ces peuples.

Athénée nous apprend qu'ils appeloient ces chansons des *scolies*, et qu'ils les chantoient à table lorsque tout étoit servi. Une branche de myrthe passoit de main en main, et chacun chantoit à son tour. Cette cérémonie donna lieu à ce proverbe ironique : *il faut le renvoyer à la chanson du myrthe*, que l'on disoit d'un homme qui, dans les siècles plus éclairés, ne savoit point s'accompagner de la lyre ou de la cithare.

Théocrite nous a fait connoître le genre aimable et le style piquant des scolies, par quelques chansons qui se trouvent dans ses idylles. Telle est une chanson des moissonneurs, dont voici la traduction :

« Cérès, qui multipliez les grains et les épis, faites que cette moisson réussisse et qu'elle soit des plus abondantes.

» Vous qui faites les gerbes, ayez soin de les bien lier, de peur que les passans ne disent : misérables ouvriers, voilà du bien perdu.

» Que le tas de vos gerbes soit exposé au vent du nord ou du couchant ; c'est le moyen de faire gonfler les épis.

» Vous qui battez le blé, évitez le sommeil du

midi, c'est l'heure où le grain se détache plus aisément de la tige.

» Les moissonneurs doivent commencer leur travail au réveil de l'alouette, finir quand elle se couche, et devenir comme insensibles à la chaleur.

» Enfans, que le sort de la grenouille est à désirer! elle ne s'embarrasse point qui lui donnera à boire, elle en a toujours abondamment.

» Il vous sied bien, homme avare, de ne donner pour nourriture à vos ouvriers que des lentilles. Prenez garde de vous blesser la main, en voulant partager une graine de cumin ».

Plutarque, dans le Festin des Sept Sages, nous a conservé le fragment d'une chanson de meunier, qui commence ainsi: « moulez, meule, moulez; » car Pittacus qui règne dans l'auguste Mitylène, » aime à moudre ». Ce début est naïf et satirique, quand on connoît l'allusion: Pittacus, un des sept sages de la Grèce, et souverain de Mitylène, faisoit grand cas des moulins à cause de leur utilité. Mais Plutarque, en disant que Pittacus aime à moudre, rappelle la réputation qu'avoit ce prince, d'être un très-gros mangeur.

Voyons quelques chansons de table, que nous avons tirées des ouvrages d'Athénée, d'Aristote, de Lucien, de Pindare, etc.; à la vérité ce ne sont que de légers fragmens, mais les vers en sont charmans, pleins de grâces et de beautés.

« Le premier de tous les biens est la santé; le
» second, la beauté; le troisième, les richesses
» amassées sans fraude; et le quatrième, la jeu-
» nesse qu'on passe avec des amis ».

Anaxandride, ancien poëte, blâme, avec raison, l'auteur de cette chanson, et met la fortune avant la beauté : il dit qu'après la santé doit venir la richesse; car la misère est l'ennemi le plus dangereux de la beauté.

« Buvons, pourquoi attendre le déclin du jour
» sans rien faire ? Le jour n'est qu'un doigt (1):
» verses du vin dans différentes coupes. Le fils de
» Jupiter et de Sémélée a donné le vin aux hom-
» mes pour leur faire oublier leurs peines. Verses
» donc, et si le vin porte à la tête, qu'un verre
» succède à l'autre ».

FRAGMENT D'UNE CHANSON MORALE.

« Ami, le scorpion se glisse sous toute sorte de
» pierres; prenez garde qu'il ne vous pique : c'est
» ainsi que toute fourberie se cache dans l'obs-
» curité ».

CHANSON SUR L'HIVER.

« Jupiter entasse dans les airs les nuages plu-
» vieux; la terre est couverte de frimats; la gelée

---

(1) Allégorie sur la trop courte durée de la vie.

» a suspendu le cours des fleuves; si le feu ne
» suffit pas pour dissiper la froidure, que le vin,
» en échauffant vos têtes, ranime vos sens en-
» gourdis ».

CHANSON SUR L'ÉTÉ.

» Humectez vos poumons avec du vin. L'astre
» brûlant se lève; voyez comme toute la nature
» paroît altérée, etc. »

Aristote composa sur la mort d'Hermias, souverain d'Atarne, une scolie qui lui mérita un déluge de critiques amères, à cause du style
qu'il avoit choisi. On l'accusa de blasphème
pour avoir composé, en l'honneur d'un mortel,
une chanson à qui rien ne manquoit que l'exclamation de *Jo! Paian*, pour avoir le caractère sacré d'un Péan. Voici cette belle production poëtique.

« O vertu, qui malgré les difficultés que vous
» présentez aux foibles mortels, êtes l'objet char-
» mant de leurs recherches! vertu pure et aimable;
» ce fut toujours pour les Grecs un destin digne
» d'envie que de mourir pour vous. Telles sont
» les semences d'immortalité que vous répandez
» dans leurs cœurs. Les fruits en sont plus pré-
» cieux que l'or, que l'amitié des parens, que le
» sommeil le plus tranquille. C'est pour vous que

» le divin Hercule et le fils de Léda entreprirent
» mille travaux, dont le succès attesta votre puis-
» sance. C'est par amour pour vous qu'Achille
» et Ajax allèrent dans l'empire de Pluton ; c'est
» pour rendre honneur à vos immuables attraits
» que le prince d'Atarne s'est privé de la lumière
» du soleil. Prince à jamais célèbre par ses ac-
» tions ; les filles de Mémoire célébreront ta gloire,
» toutes les fois qu'elles chanteront les louanges de
» Jupiter hospitalier, ou le charme d'une amitié
» durable et sincère ».

Nous n'avons aucun indice de la composition musicale de ces différens genres de chansons : la conquête de la Grèce et la propagation du christianisme nous les ont enlevés. Cette conquête fut suivie de l'incendie de la bibliothèque d'Alexandrie, où se trouvoient les meilleures éditions des manuscrits grecs ; et le fanatisme grossier des premiers patriarches de l'église chrétienne, plus dangereux encore pour les sciences et les arts, que le fer et la flamme, fit détruire (en l'an 390) les temples et les bibliothèques qui en dépendoient. C'est ainsi que le progrès des connoissances humaines a toujours eu à lutter contre la tyrannie, la superstition ou l'ignorance, et que le produit de plusieurs siècles a été détruit en un instant.

Nous avons dit que les *hymnes, péanes, thrènes,*

etc., se chantoient au son des instrumens et étoient accompagnés de danses : voilà deux parties essentielles de la musique grecque qui méritent notre examen. Nous allons essayer d'en faire une description aussi exacte que permettent les contradictions sans nombre que nous avons rencontrées dans nos recherches. Les poëtes et les historiens de l'antiquité nous apprennent qu'ils ont possédé trois genres d'instrumens de musique; savoir : *instrumens à cordes*, *instrumens à vent* et *instrumens de percussion*.

INSTRUMENS A CORDES.

La lyre : l'invention en est attribuée à *Mercure* : dans une promenade qu'il fit sur les bords du Nil, il trouva, dit-on, une tortue entièrement disséquée ; l'ayant touchée par hasard avec son pied, il donna de la vibration au corps et aux fibres, qui rendirent un son. Frappé de ce phénomène, il conçut l'idée de se faire une lyre en forme d'une tortue, et de la monter avec des fibres d'animaux. Le mot lyre signifie *attraits*, *appas*, et les anciens poëtes disoient : *dulci sona lyra*. S'il est vrai, comme le dit *Philostrate*, que Mercure ait fait présent de sa lyre à *Apollon*, cela explique pourquoi les poëtes et les artistes grecs ont toujours attribué à ce dernier la lyre de Mercure. Sa figure primitive étoit fort simple : deux cornes de belier, attachées à l'écaille d'une tortue, formoient l'instrument que Mercure montoit avec trois bouts de fibres sèches, en place de cordes. *Voyez* tab. I, fig. 1 ; c'est d'après une médaille d'Apollonie en Grèce que cette lyre a été copiée, et il paroît qu'elle étoit encore en usage après le siècle d'Alexandre.

La cithare : elle fut inventée par Apollon, d'après la lyre de Mercure. Elle différoit de la lyre, en ce qu'elle avoit un manche, sur lequel on posoit les doigts, comme sur nos violons. La lyre n'en avoit point, et cependant beaucoup d'auteurs ont confondu ces deux instrumens. *Lucien* fait une distinction parfaite entre ces deux instrumens. « Si Orphée et Amphion avoient enten-
» du cette aimable musicienne, ils auroient déposé
» leur lyre à ses pieds ; et debout auprès d'elle,
» ils auroient écouté dans un profond silence.
» Qui auroit pu leur enseigner cette harmonie
» parfaite, qui apprend à ne jamais excéder le
» rhythme, à mesurer le chant par une éléva-
» tion et un abaissement (les deux temps de la
» mesure, le lever et le frapper), à faire résonner
» en même temps la cithare, observer l'identité
» de temps avec l'onglet (1) et avec la langue,

---

(1) L'onglet étoit une espèce de dez de métal, que l'on
» bien

» bien poser ses doigts et donner de la rondeur au
» chant? Cet art ne fut jamais connu du chantre
» de Thrace et du berger du Cithéron, qui s'exer-
» çoit, en conduisant son troupeau, à tirer quel-
» ques sons de la lyre ».

Les luths, qu'on voit représentés sur beaucoup de monumens antiques, semblent avoir la vraie forme de la cithare d'Apollon. Les poëtes disoient: *garrula* ou *strepera cithare*, à cause du son bruyant qu'elle rendoit. Sa forme primitive nous est absolument inconnue; mais il est à présumer qu'elle a eu beaucoup de ressemblance avec la lyre. Au surplus, la cithare a éprouvé bien des changemens dans sa forme, avant qu'elle soit parvenue à celle que nous trouvons représentée dans les monumens de l'antiquité. Ce fut *Cépion*, élève de Terpandre, qui, vers la 26e. olympiade, la perfectionna : il lui donna une forme nouvelle et un plus grand nombre de cordes. Les Lesbiens, peuple voisin de l'Asie, se sont particulièrement distingués par le jeu de cet instrument.

Le psalterion, étoit un instrument à dix cordes; il nous est impossible de désigner le nom de son inventeur. On nommoit souvent la chanteuse qui s'accompagnoit avec cet instrument, *une psal-*

---

mettoit au doigt, et avec lequel on pinçoit les cordes, tandis qu'on les frappoit avec le plectre.

TOME I. H

trice ; et il paroît qu'il étoit joué ordinairement par des Rhodiennes.

Le phénix, étoit une espèce de psalterion, dont l'inventeur nous est de même inconnu. Math. Martin, dans son Dictionnaire Philosophique, croit qu'il tire son origine de la Phœnicie. Quintilien en parle comme d'un instrument qui réveille et excite les sensations de la volupté, et il juge qu'il est de la prudence d'en préserver l'oreille du beau sexe.

La pandore ou *pandure*, de l'invention des Assyriens. Ils s'en servoient pour accompagner le chant, avec les notes simples d'une basse. Cet instrument étoit monté de trois cordes.

La pectis, étoit l'instrument favori des Lydiens et inventé par eux. On pinçoit les deux cordes dont il étoit monté, avec l'onglet.

Le barbitos, fut inventé par Terpandre de Lesbos; selon Pindare, il étoit monté de trois cordes. *Alcée* et *Sapho* se sont particulièrement distingués par leur habileté à en jouer, en accompagnant leur chant; et c'est sans doute à la réputation que Sapho s'est faite par ses poésies et par le jeu du barbitos, que l'on doit attribuer l'erreur de quelques auteurs, qui ont cru que cet instrument lui devoit son invention. Ceux qui prétendent qu'il tire son origine de la Perse, ne se rappellent pas ces vers d'Horace :

. . . . Si neque
Euterbe cohibet, nec Polymnia
Lesboum refugit tendere barbiton.

La clepsiambe ne nous est connue que par la conversation intéressante du *banquet des savans*. Athénée, sans s'expliquer sur son origine et sur sa qualité, dit seulement qu'*il servoit pour accompagner quelques chants*.

La skindapse étoit montée de quatre cordes de métal. C'est d'après cet instrument que l'on a inventé nos guitares.

La sambuca étoit une ancienne harpe, d'un son aigu et montée de quatre cordes.

La magadis, de l'invention des Lydiens, étoit encore un instrument psaltique que l'on pinçoit avec l'onglet. Son emploi étoit d'accompagner la voix et la flûte. Cet instrument a causé beaucoup de discussions avant qu'on eût fixé dans quel genre il devoit être compris, parce que la plupart des auteurs anciens l'avoient confondu avec un instrument à vent, nommé *magados*.

Le trépied de Pythagore de Zante, fut inventé par ce philosophe. Chaque côté du trépied formoit une cithare, dont l'une étoit montée dans le ton *dorien*, l'autre dans le ton *phrygien*, et la troisième dans le ton *lydien*. Pythagore savoit tourner son trépied avec adresse, et jouant alternativement ces différens modes ou toniques, il produisoit le même effet que trois citharistes, dont chacun auroit joué sur un instrument monté dans un ton différent.

Avant que de parler des instrumens à vent, il est nécessaire d'expliquer à nos lecteurs ce que les anciens appeloient instrumens à *grands effets*, montés de vingt, trente ou quarante cordes. Ils avoient effectivement de ces instrumens, comme la *magadis* de vingt cordes, le *semicon* de trente, ou trente-cinq cordes, et l'*épigonion* de quarante cordes; mais il ne faut pas supposer que chacune de ces cordes rendit un ton différent. La quantité des cordes dont ces instrumens étoient montés ne dût son origine qu'aux idées ingénieuses d'un musicien qui, cherchant à renforcer l'accompagnement de sa lyre, s'avisa de mettre deux cordes à l'unisson, sur chaque ton qu'elle contenoit. Cette expérience réussit : il essaya ensuite de tripler les cordes, et l'effet répondit à son attente. C'est ainsi que montant quatre, cinq et six cordes à l'unisson sur chaque ton, le nombre des cordes d'un instrument fut augmenté, ainsi que son effet; mais il ne rendit jamais que les mêmes tons, n'ayant pas été augmenté par des cordes ou des notes nouvelles.

INSTRUMENS A VENT.

Le cornet des Grecs étoit le même instrument que celui des Hébreux.

Le cor, ainsi que le *buccin* ou *buccina*, le *lituus* et la *tuba*, sont toujours confondus par les auteurs anciens, avec la trompette. En parlant d'une exécution de musique, tel auteur dit : qu'elle étoit accompagnée avec *la trompette*; tel autre dit que c'étoit une *tuba*, ou un *lituus*; et un troisième raconte qu'on distingue trop le son de la *buccina* ou du *buccin*. Au reste, les cors étoient de deux espèces, l'une de métal et l'autre de corne. Mais les *buccines* ou les *cors* qu'on employoit dans les fêtes et les cérémonies de Bacchus, étoient tout simplement des *cornes de belier*, ou des *cornes de bœuf sauvage*.

La trompette, appelée *salpinx*, est, d'après le témoignage de beaucoup d'auteurs grecs, une invention des Tyrrhéniens (1). Mais les Chrétiens et les Juifs oseront-ils jamais accorder aux Tyrrhéniens l'honneur de l'avoir inventée? Cette affirmative les mettroit dans la dure nécessité d'avouer que *Moïse* les a trompés, en disant que *l'Eternel lui avoit ordonné verbalement de l'inventer*. N'écoutant que la voix de la raison, nous croyons

---

(1) Selon Pline, ce fut Piseus, roi de Tyrrhène, qui inventa la trompette de bronze, 260 ans avant la fondation de Rome, ou l'an du monde 2951; d'après la chronologie de Saliani, ce fut Tyrrhénus, mort en l'an du monde 2854, qui inventa la trompette d'airain pour exciter le courage des soldats. (*Voyez* Bonanni Gabinetto Arm.)

qu'il en est de la trompette comme de beaucoup d'autres objets, dont chaque peuple a des titres pour s'attribuer l'invention, et que ce seroit une folie de prétendre en connoître le véritable auteur.

Il ne sera pas inutile d'expliquer de quelle manière on sonnoit de la trompette. Les trompettes, ainsi que les buccinateurs, avant que de sonner, avoient soin de s'appliquer une espèce de mentonnière de cuir ferme, appelée *périthète*; laquelle, en comprimant leur joue, les rendoit plus maîtres de leur haleine (1). Cette bande avoit une ouverture au-devant de la bouche, pour appliquer l'embouchure de l'instrument, et pour laisser un libre mouvement aux lèvres.

Les Grecs distinguoient six sortes de trompettes; savoir : 1°. *La trompette droite*, qui étoit chez les Grecs ce que la chasosra étoit chez les Hébreux. On l'appeloit aussi *trompette argienne*, et son invention étoit attribuée à Minerve ; 2°. *la trompette égyptienne*, appelée *chnoue*, dont on se servoit dans les grandes cérémonies des sacrifices. Sa forme répond au buccin des Hébreux, et l'on

---

(1) Dans les représentations des bas-reliefs nous voyons que, pour la même raison, les joueurs de la double flûte se servoient aussi de cette mentonnière, que l'on appelloit vulgairement *bande* ou *courroie*.

attribue son invention à Osiris ; 3°. *la trompette courbée*, appelée *carnyx*, d'un son aigu et perçant. Sa forme étoit telle, qu'elle passoit de la bouche au-dessus du bras, se repliant derrière les épaules et retournant ensuite en avant du musicien ; cela nous fait croire qu'elle étoit faite de métal : on l'appeloit aussi la trompette *celtienne* ou *gallatienne* ; 4°. *la trompette paphlagonienne*, d'un son fort désagréable. Le musicien la tenoit en l'air quand il en jouoit ; 5°. *la trompette médienne* ; elle étoit faite de jonc, et rendoit un son très-grave ; 6°. enfin *la trompette tyrrhénienne*, dont le son étoit clair.

La flûte : nous avons dit combien cet instrument étoit chez les Grecs d'un usage fréquent ; il n'étoit pas moins varié par rapport à sa forme, à sa grandeur et à la matière dont il étoit construit. Les anciens ne connoissoient point de flûtes composées de plusieurs pièces, telles que nos flûtes traversières ; les leurs étoient toutes faites d'un seul morceau, ce n'étoient que des *flûtes à becs* ; voilà pourquoi ils pouvoient en avoir que l'on jouoit avec la main droite, d'autres avec la main gauche, et que même on pouvoit jouer de deux à la fois. L'origine de la flûte à bec nous est inconnue ; l'on croit vulgairement que la première fut faite d'une jambe de grue, et c'est de là que lui est venu le nom de *tibia* ou *flûte*.

Pendant plusieurs siècles, les Grecs n'ont connu que des flûtes faites de roseaux. Nous lisons dans Plutarque que Théophraste, après avoir rendu hommage aux talens d'*Antigénide*, fameux joueur de flûte, dit : « avant ce musicien, on
» coupoit vers le mois de septembre les roseaux
» ou les cannes destinées à fabriquer les flûtes,
» parce qu'alors on en jouoit tout simplement : au
» lieu que depuis qu'Antigénide eut rendu plus
» varié le jeu de cet instrument et du temps de
» Théophraste même, on coupoit les roseaux
» beaucoup plutôt, c'est-à-dire, un peu avant le
» solstice d'été, parce qu'alors ils se trouvoient plus
» propres à la fabrication des flûtes, sur lesquelles
» on devoit exécuter *la nouvelle musique* ». Cette nouvelle musique n'étoit autre chose que la faculté de joüer comme Antigénide, sur une même flûte, dans trois ou quatre toniques, tandis qu'avant lui il en falloit une particulière pour chaque tonique. L'invention d'Antigénide se réduisoit cependant à peu de chose : il ne fit qu'augmenter le nombre des trous, et se forma un doigter plus parfait que celui de ses prédécesseurs. Maintenant examinons les différens genres de flûtes, et commençons par :

La flûte simple (monaule) : sa forme étoit celle de la flûte à bec, avec peu de trous et d'une étendue très-bornée. Les auteurs égyptiens prétendent qu'elle est de l'invention d'Osiris.

La double flûte, ou flûtes conjointes. Il y en avoit de deux espèces, égales et inégales. Les premières avoient un nombre égal de trous ; et dans les secondes, l'une avoit un trou de plus que l'autre. Les joueurs de ces flûtes se serroient ordinairement les joues avec le périthète.

La flûte de Pan (siringa Panos) : les sept tuyaux inégaux dont elle étoit composée, alloient en diminuant de longueur, et ils étoient collés ensemble avec de la cire. Tibulle dit :

> Fistula cui semper decrescit arundinis ordo,
> Nam calmus cera jungitur usque minor.

Chez les Latins on l'appeloit souvent *fistula* ; et Pline la nomme aussi *syrinx*.

La flûte oblique, appelée par les Egyptiens *photinx*, fut inventée en Lybie. Les poëtes la désignent souvent par le nom de *lybis*, parce que Sirites, inventeur de l'instrument, étoit un Lybien. Ce fut encore lui qui, le premier, exécuta publiquement sur la flûte seule, sans l'assistance du chant et de la poésie, les mystères de Cybèle. (*Voyez* Athénée).

La flûte gyngrine, ou la *gyngras*, inventée par les Phéniciens : elle étoit de la longueur d'un palme, et d'un son aigu et plaintif. Voilà pourquoi on ne s'en servoit que dans les jours de malheur et de tristesse, et dans les chants funèbres.

Les flûtes se distinguoient encore de diverses manières.

1°. Par le nom de leurs inventeurs ;

2°. Par celui des nations chez qui telle ou telle autre flûte étoit particulièrement en usage. On avoit une *flûte dorienne*, sur laquelle on ne pouvoit jouer que dans le ton de *re* ; une *flûte phrygienne*, qui avoit l'étendue de la tonique de *mi* ; et une *flûte lydienne*, sur laquelle on exécutoit les airs composés dans le ton de *fa*. La flûte phrygienne étoit encore appelée la *berecynthienne* ou l'*idacienne* ;

3°. D'après la main avec laquelle on jouoit : on avoit des flûtes pour la main droite, et d'autres pour la gauche (1). Ces dernières, que l'on appeloit aussi flûtes *saraniennes*, rendoit des sons infiniment plus graves que les autres ;

4°. D'après la matière dont elles étoient faites : on avoit des flûtes d'os d'animaux, de bois de lotos, de buis, d'ivoire, des flûtes d'os de faons ou de jeunes cerfs. Les Phéniciens estimoient beaucoup les flûtes d'ivoire : et Pline nous raconte que, de son temps, on se servoit beaucoup de flûtes

---

(1) Il est étonnant que M. Burette n'ait pas expliqué ce que les anciens entendoient par *tibiæ pares*, doubles flûtes égales; et *tibiæ impares*, doubles flûtes inégales; *tibiæ dextræ*, flûtes pour la main droite; *tibiæ sinistræ*, flûtes pour la main gauche, ou *tibiæ saranæ*. — *Prygiæ*, etc.

d'argent, parce qu'elles coûtoient moins de peine pour les ajuster, et conservoient mieux leur intonation que les flûtes de roseaux et d'autres ;

5°. D'après l'âge et le sexe de ceux qui les jouoient : on avoit *(a)* des flûtes de jeunes filles, appelées *tibiæ partheniæ*, et dont on ne se servoit que pour accompagner la danse des filles (1) ; *(b)* les flûtes des jeunes garçons, appelées *tibiæ pueriles*, qui étoient consacrées à la danse des jeunes gens, et *(c)* les flûtes d'hommes faits, *tibiæ viriles*, ou *perfectissimæ*, qu'on employoit aussi dans le chant du chœur des hommes ;

6°. D'après leur emploi particulier : on avoit des flûtes pour les chœurs, dont on ne se servoit

---

(1) Alcman, Pindare, Simonide et Bacchylide ont composé plusieurs parthénies dans la tonique dorienne. Plutarque observe, à cette occasion, comme une chose merveilleuse, « que ces auteurs ont quelquefois exprimé des situations tragiques et des complaintes amoureuses sur le même ton », c'est-à-dire, dans la même tonique. Voilà ce qui caractérise le peu de connoissance des Grecs en musique. Est-il rien de plus commun, de plus généralement pratiqué, que de composer des airs de différens caractères dans la même tonique ? La tonique seule n'a jamais caractérisé un air ; c'est par la différence de mesure, de mouvement, de combinaison harmonique, du mètre, du rhythme, des traits, etc., que l'on peut peindre l'expression de la joie, de la tristesse, de l'amour, de la haine, des plaisirs champêtres, jusqu'aux mugissemens de la mer agitée par la tempête.

que dans les temples : d'autres étoient destinées à la célébration des mariages et à accompagner l'épithalame. Des flûtes militaires, des flûtes de morts, des petites flûtes qui servoient pour accompagner les chansons à boire, appelées *parœnii*, etc.

7°. D'après les différens genres de poésies. Ils avoient des flûtes pour accompagner des vers *dactyliques*, d'autres pour accompagner les *jambes*, les *trochées*, etc. Les flûtes *dactyliques* accompagnoient les danses, et les *spondaïques* étoient consacrées à l'accompagnement des hymnes.

Ils en avoient encore d'autres ; comme l'*hémiope*, d'un son agréable et tendre, à ce que dit Anacréon; les *élymes*, d'invention phygienne, qui, par leur grosseur, ressembloient fort aux *scytales* des Lacédémoniens. D'autres étoient nommés *diopes*, *mécops*, *magados*, etc., etc.

Nous avons vu qu'originairement toutes ces flûtes étoient très-imparfaites, et que l'on ne pouvoit s'en servir que pour jouer dans une seule tonique. Voilà la raison pourquoi les musiciens qui concouroient pour le prix dans les jeux publics, étoient obligés de se munir de plusieurs flûtes convenables à l'exécution des pièces, composées dans des tons particuliers. Ce ne fut que fort tard que *Pronomus* de Thèbes perfectionna cet instrument, et fit des flûtes sur lesquelles on pouvoit jouer dans toutes les toniques grecques.

INSTRUMENS DE PERCUSSION.

Les cymbales étoient d'un usage très-commun parmi les femmes, pour accompagner la danse et le chant. Il y en avoit de deux espèces : l'une faite de métal, et l'autre d'un cuir durci ; elles étoient composées de deux pièces demi-sphériques, creusées et garnies chacune d'une poignée, par laquelle on les tenoit de chaque main : en les frappant l'une contre l'autre du côté de leur cavité, elles rendoient un son très-sonore et très-perçant. Dans un hymne en l'honneur de Diane, un ancien poëte chante : « Diane ! j'ai le » dessein d'entonner à ta gloire un hymne qui te » plaise, pendant que cette autre femme fera » retentir dans ses mains ces cymbales d'airain » doré ».

Le tympanon a été expliqué plus haut. Les Grecs en avoient de deux espèces, de grands et de petits, que l'on frappoit avec le plectre ou avec la main.

Le triangle ou *trigone*, est une invention des Syriens.

Les castagnettes : les Grecs les faisoient avec des bouts de cannes fendues, et les danseuses s'en servoient pour accompagner leur danse en marquant la mesure. Selon le témoignage de *Virgile*, les castagnettes, ainsi que les cymbales et le tympanon, étoient affectés aux fêtes de *Priape*, que les femmes célébroient avec une ferveur extrême.

Les crotales étoient faites de fer blanc. Lorsqu'une courtisane vouloit se distinguer dans un repas, elle prenoit trois jusqu'à quatre crotales dans chaque main, et dansoit au son bruyant de ces petits instrumens. Ordinairement on nommoit ces femmes *crotalistriæ*.

Le sistre, de l'invention des Egyptiens, étoit un instrument d'une forme ovale et fait d'une lame de métal. Sa partie supérieure étoit ornée de la figure d'un chat à face humaine : trois ou quatre verges de métal crochetées à leurs extrémités, passoient par des trous qui se trouvoient percés de côté et d'autre dans toute la circonférence de l'instrument. Dans sa partie inférieure il avoit un manche, et tout son jeu n'étoit autre chose que le tintement ou le son effectué par les verges de métal, qui, à chaque secousse, se heurtoient à gauche et à droite. Le sistre étoit l'instrument des prêtres d'Isis qui, pendant les cérémonies et les sacrifices, ne cessoient d'en jouer pour indiquer que la nature est sans cesse occupée à former de nouvelles productions. Les quatre bâtons du sistre leur représentoient l'allégorie des quatre élémens; et lorsque cet instrument n'étoit traversé que de trois bâtons, il signifioit les trois emplois différens de la déesse Isis, qui étoit, d'après la mythologie, la *lune* dans le ciel, *Diane* sur la terre, et *Hécate* dans les enfers. Le sistre étoit aussi l'instrument militaire des Egyptiens; et, suivant le rapport d'Isidore (lib. III, orig., ch. 21), les Amazones s'en servoient de même pour donner le signal du combat. Sur la table I, fig. 10 et 11, on voit quelques sistres que nous avons fait dessiner d'après celles qui se trouvent à la bibliothèque nationale, dans le cabinet des médailles.

Essayons à présent de tracer le tableau des différens genres de danses qu'exécutoient les Grecs dans les temples, dans les festins et dans les spectacles. Cependant commençons par établir pour principe général que les Grecs ont employé l'expression *danser*, en place des mots *action, mouvement, aller, sauter,* etc. Tomber de la cime d'un rocher et rester mort dans le fond du précipice, s'exprime poétiquement en grec, par *descendre en bas en dansant la mort*. Les Arcadiens se faisoient remarquer par leur marche grave et mesurée, et les historiens grecs disent que *ce peuple dansoit du matin au soir*. Ce n'est qu'en suivant ces remarques que l'on peut bien apprécier ce qu'étoit la danse chez les Grecs, et éviter l'erreur de prendre sans cesse ce mot dans l'acception de nos jours.

On voit d'après ce que nous venons de dire,

que la danse étoit en bien plus grande considération chez les anciens qu'elle ne l'est parmi nous. Les divers usages que l'on faisoit de cet art exigeoient, de la part de ceux qui le professoient, des talens et des connoissances qui n'étoient le fruit que d'une longue étude. Un maintien noble, beaucoup de grâces, un corps robuste et souple qui pût se plier jusqu'à terre, ou représenter, selon les circonstances, des figures héroïques ; voilà les premières qualités que l'on exigeoit dans un danseur.

Tous les philosophes, à l'exception des partisans de la secte cinique (1), convenoient que l'art de la danse et l'application qu'un homme instruit en pouvoit faire, contribuoient essentiellement au bonheur de la vie et à la connoissance du cœur humain, en indiquant les rapports qui existent entre la beauté de l'ame et celle du corps. Socrate étoit tellement pénétré des charmes de cet art, qu'il le mettoit au nombre de ceux qui méritent le plus d'être étudiés, et que dans un âge très-avancé il s'en occupoit encore.

Les poëtes faisoient danser jusqu'aux dieux mêmes. Homère dit dans un hymne : « Apollon,

---

(1) Les Cyniques pour se distinguer par la singularité de leurs principes, blâmoient hautement les spectateurs insensés, à leurs yeux, qui applaudissoient un danseur; ils portoient la haine pour la danse au point qu'ils l'appeloient publiquement une chose honteuse.

prends

prends ta lyre, et joue-nous un air agréable, en dansant avec grâce sur la pointe des pieds ». Les initiés et les prêtres prétendoient qu'il étoit impossible d'expliquer la sainteté de leurs mystères sans la danse et le rhythme du chant. C'est pour cette raison que l'on disoit communément de ceux qui s'avisoient de parler en société de la religion, *qu'ils dansoient hors du lieu sacré.*

Cependant la danse sérieuse chez les anciens différoit beaucoup de la nôtre, et ne consistoit, d'après la définition des philosophes, que dans l'art des gestes, appelé la *chironomie*. Elle peignoit les situations de l'ame par les attitudes du corps; elle enseignoit à parler avec les mains et avec les pieds, et donnoit une expression savante au silence même (1).

Quelques-uns de ces philosophes ont été bien plus loin, confondant l'*aesthétique* avec la partie mécanique, ils exigeoient qu'un danseur connût le passé, le présent et l'avenir comme le grand prêtre Calchas; qu'il fût artiste achevé en tout genre; qu'il fût versé dans toutes les sciences et qu'il connût à fond les cérémonies du culte de chaque divinité, la mythologie, l'origine des dieux, etc.

---

(1) *Voyez* Nonnius dans ses dionysiades en parlant de la danseuse *Polymnie*.

L'art de la danse étoit intimement lié à celui de la musique; il se divisoit en deux parties principales, savoir : la *danse religieuse* et la *danse profane*.

La danse religieuse, accompagnée seulement d'une flûte, étoit exécutée par les chœurs dans les fêtes et les sacrifices : elle n'offroit qu'une ronde que l'on dansoit dans une attitude respectueuse et sans beaucoup de mouvemens autour de l'autel et de la statue de la divinité à laquelle on présentoit des hommages, ou dont on imploroit l'assistance. Nous avons déjà remarqué plus haut que, dans le temple, la danse et le chant n'étoient jamais séparés, et que le choriste exécutoit en même temps ces deux parties.

La différence de gouvernement, des rapports politiques et des divinités adoptées, fut cause que les diverses nations de la Grèce eurent chacune des fêtes et des danses particulières ou nationales. Les Lacédémoniens avoient une fête dansante appelée *Hormus* (1) que Licurgue avoit instituée; elle consistoit dans une espèce de branle que la jeunesse, dépouillée de tout vêtement, dansoit en parcourant les rues.

M. de Cahusac en fait la description suivante: « Le coryphée, un jeune homme leste et vigou-

---

(1) Ce mot signifie collier.

» reux, d'une contenance fière, animoit les autres
» par ses gestes et par sa voix, dans les figures
» variées qui demandoient autant de légèreté dans
» les pas que de vigueur dans les mouvemens
» rapides. Toutes les jeunes filles de Sparte, dans
» leur état de nature, les suivoient à pas lents et
» avec un maintien modeste. Les garçons se re-
» tournoient aux temps marqués par la flûte, pé-
» nétroient dans la troupe des jeunes filles, et s'u-
» nissoient par de mutuels entrelacemens de bras,
» en conservant néanmoins, les uns la vivacité, et
» les autres la lenteur de leur premier mouvement.
» Ce qu'il y avoit de singulier dans cette danse,
» c'est que les garçons triploient les pas dans une
» mesure, tandis que les jeunes filles ne faisoient
» qu'un pas simple ».

Les Athéniens avoient une danse appelée la *grue*, que Thésée avoit inventée en sortant du labyrinthe de Crète, après avoir triomphé du minotaure; elle représentoit les détours du labyrinthe et les évolutions victorieuses de Thésée. Les danseurs, en dessinant leurs figures, se suivoient à la file comme des grues qui parcourent les airs en troupe. Aucun des auteurs de l'antiquité, dont les ouvrages sont parvenus jusqu'à nous, ne nous a fait connoître le genre de poesie et d'instrumens qui étoient employés dans l'exécution de cette danse.

La danse profane se divisoit en *danses scéniques* et en *danses lyriques*. Les *scéniques* étoient la *tragique*, la *comique* et la *satirique*. Les *danses lyriques* se divisoient également en trois, savoir : la *pyrrhique*, la *gymnopédique* et l'*hyporchématique*.

La danse tragique exigeoit des attitudes nobles et majestueuses, des mouvemens légers et pleins de grâces, des gestes pathétiques et convenables pour exprimer les sentimens de regrets et de douleur.

La danse comique n'exécutoit que des sauts ridicules et des mouvemens grossiers qui formoient souvent des postures de la dernière indécence. M. de la Bruyère, dans ses caractères de Théophraste, dit que la danse comique avoit été appelée *cordax*, et que ce nom lui étoit venu de la corde dont les danseurs se servoient pour prendre leurs attitudes. Cette explication n'est pas exacte. Il est vrai que cette danse étoit appelée *cordax*, ou la *cordace*; mais M. de la Bruyère ne s'est pas rappelé combien, dans les premiers siècles de la civilisation des Grecs, on étoit glorieux d'avoir inventé quelque chose, et que l'inventeur ne manquoit pas de s'en honorer, soit en donnant son nom à l'invention même, soit en le plaçant à côté de celui qu'elle recevoit d'ailleurs. C'est ainsi que cette danse fut appelée cordax, parce qu'elle avoit été inventée et introduite dans les bacchanales, par un prêtre de Bacchus, nommé Cordace. Il en étoit de même d'une autre danse, tout aussi indécente, appelée l'*emmélie* (1), qui fut instituée par un autre prêtre de Bacchus, nommé Emmélie. (*Voyez* Lucien).

Au reste, cette danse étoit tellement méprisée à Lacédémone, que l'on regardoit ceux qui l'exécutoient comme le rebut de la nation.

Il n'en étoit pas de même de la danse satyrique qui étoit bien plus attrayante, puisque les danseurs en représentant les mauvaises manières d'un homme ridicule, assaisonnoient leur danse de railleries et de mots piquans. Dans les contrées de l'Ionie et de Pont, non-seulement la populace passoit des journées entières à jouir de ces divertissemens ; mais encore les citoyens les plus distingués, et les premiers magistrats mêmes, s'unissant aux Satyres et aux Corybantes, prenoient une part active à cette danse. Les Crétois étoient réputés pour exceller dans le genre satirique. Lucien, dans ses dialogues, parle avec beaucoup de satisfaction des danses comiques et satiriques. Selon lui,

---

(1) La Bibl. græca d'Alb. Fabricius se trouve en contradiction avec Lucien : elle nomme la danse comique *cordax*, la danse satirique *emmélie*, et la danse tragique *sicinis*. Nous pensons qu'en ceci Lucien est le plus digne de foi.

les mouvemens continuels des danseurs, leurs pirouettes, leurs circonvolutions, leurs sauts, leurs renversemens sur le dos, réjouissoient infiniment les spectateurs. Cette phrase nous autorise à croire que les sauts périlleux et les tours de force faisoient la partie principale de la danse théâtrale des anciens.

La pyrrhique étoit une danse militaire fort estimée dans la Grèce; elle étoit en usage chez les Spartiates, où tous les enfans l'apprenoient dès l'âge de cinq ans.

Les auteurs anciens et modernes sont en contradiction sur l'origine de cette danse. Lucien dit que la pyrrhique fut inventée aux obsèques d'Achille par Néoptolème son fils, qui se nommoit aussi *Pyrrhus*, parce qu'il étoit roux (couleur fort estimée chez les anciens), et que la danse militaire que Castor et Polux apprirent aux Lacédémoniens s'appeloit *cariatique*. Cette dernière étoit consacrée à Diane et particulièrement usitée à *Carye* dans la Laconie. Lucien, pour en affirmer la vérité, cite le chapitre 14, lib. IV de Pollux.

Cahusac, dans son ouvrage sur la danse ancienne, nous apprend que Castor et Pollux avoient acquis une grande perfection dans la *memphitique*; mais que c'est à tort qu'on leur attribue l'institution de la pyrrhique, et qu'il en est de même de Pyrrhus.

D'après la mythologie des Grecs, ce fut Minerve qui, voulant représenter la guerre des dieux contre les titans, inventa la *memphitique*. On la dansoit armé d'une épée, d'un javelot et d'un bouclier, et on y retraçoit par des mouvemens et des attitudes, les figures, les positions et toutes les évolutions militaires. Il falloit infiniment d'adresse et de force pour rendre avec vérité les expressions dont elle étoit composée.

Les Crétois exécutoient chez eux des danses appelées l'*orsite* et l'*épicrédios*, qui ressembloient beaucoup à la phyrrique des Spartiates. On voit, d'après cela, combien les historiens varient entre eux sur l'origine de la plupart des institutions.

Chez les Lacédémoniens, chaque fête religieuse se terminoit par la pyrrhique. Les danseurs paroissoient tout armés, et représentoient dans leurs figures et dans leurs mouvemens diverses évolutions, comme : avancer, attaquer, lancer des traits, éviter le coup de l'ennemi par un saut fait à propos, etc. La musique, qu'un joueur de flûte exécutoit pendant cette danse, étoit un hymne consacré à Castor et Pollux. Cahusac croit que la pyrrhique s'exécutoit dans le mode phrygien (le ton de *mi*); mais il nous a laissé ignorer les autorités sur lesquelles il a fondé cette supposition, tandis que les raisons suivantes nous prouvent qu'elle s'exécutoit dans le mode dorien, ou la tonique de *re*. Les Doriens furent une des trois nations primitives qui fondèrent l'état grec ; et ce ne fut que long-temps après que les Phrygiens, peuple de l'Asie, vinrent s'y établir. Quoique ces colons aient été nationalisés et confondus avec les autres peuples de la Grèce, l'on ne doit cependant pas supposer que les Lacédémoniens en aient adopté quelques usages ; on méconnoîtroit par là le véritable caractère des Spartiates. Orgueilleux de leurs ancêtres, fiers de leur constitution primitive, esclaves fanatiques de leurs opinions et de leurs coutumes, ils méprisoient tout ce qui leur étoit étranger ; ambitieux de se distinguer des autres peuples de la Grèce, ils n'adoptoient rien d'eux. Jamais un Lacédémonien n'épousa une étrangère, et jamais un étranger ne put parvenir à être reçu citoyen de Sparte. C'est donc à tort que l'on supposeroit que cette nation eût abandonné le mode antique et majestueux des Doriens, pour le mode efféminé des Phrygiens réfugiés en Grèce.

La pyrrhique leur enseignoit la partie mécanique de la tactique, c'est-à-dire, le maniement des armes. Ainsi, plus un peuple étoit exercé dans cette danse, plus il avoit la certitude qu'il triompheroit de ses ennemis (1).

---

(1) Socrate dit que les plus braves militaires sont ceux

Que l'on ne s'étonne donc plus de l'expression grecque : *premier danseur d'un combat ;* ce titre étoit chez eux aussi honorable que l'est de nos jours celui de général en chef. Chez les Thessaliens, il étoit d'usage de faire graver sur les statues qu'ils faisoient élever à la gloire de leurs plus fameux guerriers :

– N. – PREMIER DANSEUR DE LA BATAILLE DE...

La danse gymnopédique, d'un caractère noble et majestueux, étoit exécutée par un chœur d'hommes nus, dont chacun tenoit une palme à la main. Le coryphée seul, qui dirigeoit la danse, avoit sur la tête une couronne faite d'une branche de palmier, appelée *thyriatique,* nom qui exprimoit le sujet de la fête dont cette danse faisoit le principal ornement (1). Un chœur de jeunes enfans suivoit le premier, en imitant ses pas, ses attitudes et tous ses mouvemens : à la fin, ces deux troupes

---

qui honorent le mieux les dieux dans les chœurs de danses ; parce que la danse n'étoit, chez beaucoup de peuples de la Grèce, qu'un exercice militaire, qui devoit être cependant exécuté avec beaucoup de grâce et de noblesse.

(1) Cette fête, consacrée à Apollon par la poësie, et à Bacchus, par la danse, fut célébrée à Lacédémone en mémoire de la victoire remportée à Thyrée par les Spartiates sur les Argiens.

se réunissoient et entonnoient un hymne en l'honneur d'Apollon, auquel tout le peuple répondoit en chœur, en applaudissant à leur danse. La musique que l'on exécutoit pendant la gymnopédique, étoit un chant de poësies lyriques de *Thaletès*. Bachilside, parlant de cette danse, dit qu'*elle n'étoit pas l'occupation des gens lents et paresseux*. On l'exécutoit aussi avec un chœur d'hommes et de femmes.

La danse hyporchématique (1) tenoit le milieu entre le sérieux et le comique; elle exigeoit de la noblesse, de l'adresse dans les mouvemens, et excluoit le genre grotesque et bouffon. Voilà pourquoi, dans les premiers temps de son invention, les poëtes ne chargeoient que des jeunes gens de bonne famille et bien élevés de l'exécution de cette danse, que l'on nomma aussi *danse subordonnée à la voix*. L'hyporchême étoit un genre de poësie que l'on pouvoit chanter ou danser au son de la flûte ou de la cithare. Lucien croit que les hyporchêmes se dansoient le plus ordinairement au son de la lyre ou de la cithare.

Les sujets que cette danse représentoit n'avoient rien d'ignoble ni d'indécent; tous les mouvemens

---

(1) Quelques auteurs anciens prétendent que ce fut cette danse qu'Aristophane employa sur le théâtre pour perdre *Socrate*.

en étoient très-sévèrement assujettis au rhythme de la flûte, et le danseur devoit rendre dans son exécution le sens et l'esprit des paroles que chantoit le chœur ou un coryphée. Ceux qui s'en acquittoient mal étoient impitoyablement sifflés.

Xénophon nous donne la description suivante d'une de ces fêtes. « Après les libations et le chant
» des hymnes sacrés (les péanes), les Thraces se
» levèrent de table les premiers, se mirent à danser
» tout armés, au rhythme des flûtes ; ils sautèrent
» fort haut et avec beaucoup de légèreté, en s'es-
» crimant avec leurs épées : enfin, l'un des dan-
» seurs frappa son adversaire de manière à faire
» croire qu'il l'avoit blessé, et celui-ci médita si bien
» sa chute, que toute l'assemblée en jeta un cri
» d'effroi. Le vainqueur le dépouilla alors de ses
» armes, et s'en alla en chantant les louanges de
» *Sitalce* : les autres emportèrent le vaincu comme
» s'il eût été mort.

» Après cette danse parurent Oenonianes et
» Magnésien, qui dansèrent le *kapac*, ou la *se-*
» *maille*. L'un des danseurs ayant ses armes
» auprès de lui, sème et fait avancer deux bœufs
» accouplés. Il se retourne souvent, comme s'il
» avoit peur. Un voleur s'approche ; l'autre l'a-
» perçoit, saute sur ses armes, et combat devant
» le joug en suivant le son de la flûte. Le voleur
» enfin triomphe et emmène l'attelage. Quelquefois

» c'est le conducteur des bœufs qui gagne, et qui
» mène le voleur attaché au joug, les mains liées
» derrière le dos. »

Quel dommage que nous ne possédions pas un seul morceau de musique de ces différens genres de danse ; pas même une description exacte qui puisse nous faire soupçonner quelle étoit la qualité et le mode d'exécution ?

Le but principal de notre ouvrage ne nous permet pas de nous étendre davantage sur les danses des anciens : nous ne parlerons ni des danses *démonstratives*, ni d'un grand nombre d'autres qu'ils avoient pour chaque métier, pour chaque saison, pour chaque fête. Nous engageons ceux qui désirent connoître ces détails, de s'attacher à la lecture des poëtes grecs, et principalement au *banquet d'Athénée*.

Nous avons vu plus haut que la musique chez les Grecs étoit d'une si vaste étendue, que peu de personnes osoient se vanter de la posséder parfaitement : de là venoit que leur enthousiasme pour cet art étoit tel, qu'il lui donnoit une influence puissante sur toutes les actions de leur vie. La musique faisoit le principal ornement du culte religieux, et étoit regardée comme le seul moyen de connoître, soit l'origine des dieux, soit le sens politique des mystères : dans la guerre, elle leur inspiroit du courage et des vertus militaires ; dans la paix, elle leur enseignoit la vertu; dans les calamités publiques ou particulières, elle étoit leur consolation; dans les jours de prospérité et de fête, elle modéroit l'excès des plaisirs. C'étoit elle qui présidoit aux mariages (1). Il n'y avoit que les funérailles d'où elle étoit exclue (2).

Dans les repas de cérémonie, on faisoit venir

---

(1) Chaque fête nuptiale se terminoit par le chant d'une épithalame, et plus les jeunes époux étoient d'une classe distinguée, plus ils cherchoient aussi à se faire remarquer par le nombre des chanteurs qu'on payoit pour l'exécution de l'épithalame. Ce nombre chez les personnes riches alloit quelquefois jusqu'à cent; tandis que les citoyens moins fortunés se contentoient d'avoir un ou deux choristes. Parmi les gens pauvres c'étoient les parens ou les convives eux-mêmes qui entonnoient le chant nuptial. Ce chant entremêlé de danses étoit répété toutes les fois qu'on célébroit l'anniversaire de la fête de l'hymen. L'histoire du jeune *Hymen*, élevé au rang des dieux et adoré à Athènes, se trouve très-bien décrite dans Cahusac, Ch. 4, liv. II.

(2) Les Grecs n'ont pas conservé long-temps leur vénération pour les devoirs de la sépulture. Ce peuple les regardoit comme une obligation si sacrée qu'il condamna à mort plusieurs grands capitaines pour avoir fait jeter à la mer les corps de ceux qui avoient été tués dans un combat naval. C'est ce même peuple qui inventa les bûchers pour réduire en cendres ceux qu'il avoit idolâtré pendant leur vie. Il est à remarquer que pendant cette cérémonie, les parens et les amis jetoient les cris les plus lamentables, comme si le cadavre étoit sensible au feu qui le dévoroit.

des chœurs, des danseuses, et même des baladins ou bouffons. Il y avoit à Athènes un grand nombre de ces derniers qui s'assembloient journellement dans le Diomée, ou le temple d'Hercule, pour former une espèce d'académie : leur grand talent consistoit à danser, en chantant, des plaisanteries piquantes sur les mœurs de leurs contemporains, sur les femmes, etc. Rien n'égaloit, dit *Homère*, la joie des convives lorsqu'ils écoutoient un de ces chanteurs. *Ménandre* avoue que s'il régale des amis, il lui faut des joueuses de flûte ou de psalterion, des parfums et du vin de Mente. *Platon* parle aussi avec plaisir de ces joueuses de flûte, de psalterion, et des danseuses. Il croit cependant que les personnes instruites pourroient bien s'en passer, et s'amuser à table par les ressources de leur esprit et de leurs connoissances.

Les Grecs, dans leur siècle de philosophie, ne sembloient vivre que pour jouir du charme des sens : aussi les gens riches avoient-ils toujours quelques esclaves des deux sexes qui étoient musiciens, et qui n'avoient autre chose à faire qu'à divertir leurs maîtres pendant les repas. Les hommes jouoient des airs sur la flûte, qu'une femme accompagnoit de la voix, de la cithare ou du psalterion, tandis qu'une autre dansoit. Dans les banquets ou dans les repas de grande cérémonie, l'on faisoit venir des musiciens publics, et des joueuses de flûte, de cithare et de psalterion. Ces femmes étoient, pour la plupart, des affranchies, ou même encore esclaves. Il arrivoit assez souvent que, dans un festin, un convive achetoit une musicienne ou une danseuse dont la figure ou les talens l'avoient séduit. Mais ces femmes, aussi galantes que belles, ne se contentoient pas d'exercer un talent qui leur procuroit les moyens d'exister; on en voyoit qui, animées de la noble ambition de s'instruire, se livroient particulièrement aux sciences; c'est par ce moyen qu'elles faisoient de leur état une véritable école d'urbanité licencieuse qui attiroit tous les jeunes gens de distinction, et qui même étoit fréquentée par les plus graves philosophes. La célèbre *Aspasie* ne reçut-elle pas les hommages de Socrate et de Périclès? Quels chefs-d'œuvres valurent l'immortalité au divin Appèle et à l'inimitable Praxitèle? Ne fut-ce pas à l'un le tableau et à l'autre la statue de Vénus, que tous les deux avoient exécutés d'après la belle Phrynée, joueuse de flûte et la plus célèbre courtisane de son temps.

Athénée nous apprend que Théophile déclara franchement qu'il aimoit à la folie une joueuse de flûte, et qu'il ne croyoit pas pour cela avoir perdu le bon sens aux yeux de ses confrères les autres poëtes. Le même auteur ajoute que cette jeune musicienne joignoit à la plus jolie figure, mille talens divers, un esprit orné, et les connoissances les plus profondes. Quel est le sage, quel est le philosophe qui eût pu résister à tant de charmes réunis (1)?

La musique des Grecs acquit un nouvel éclat du moment où elle fut associée aux jeux nationaux ; tels que les jeux olympiques, néméens, isthmiques et pythiques, et qu'il fut décerné des prix aux plus habiles chanteurs (sous ce nom étoient compris les poëtes) et aux joueurs d'instrumens ; tandis que, dans l'institution de ces jeux, l'on n'accordoit des prix qu'aux vainqueurs dans les combats gymnastiques et athlétiques. Dès-lors ces jeux, qui n'avoient intéressé que les habitans des villes où ils étoient célébrés, devinrent un objet d'empressement pour la nation entière. De toute part on y vit accourir les hommes les plus considérés, les plus habiles et les plus savans de chaque république de la Grèce ; les uns par curiosité ou désir de s'instruire, les autres pour y disputer le prix du talent. Cette assertion est prou-

---

(1) Il ne faut pas confondre les femmes estimables quoique galantes, dont il est question ici, avec les courtisanes débordées ou les prostituées qui n'étoient que trop communes chez les Grecs. Ces dernières se mettoient facilement au *ton que l'on vouloit*, pour me servir de l'expression d'un ancien poëte. Cette classe de femmes étoit nommée *dictériades*, du mot *dictérion* qui signifie lieu de débauche.

vée

vée par la foule de noms célèbres que nous a transmis l'histoire.

Les jeux olympiques qui étoient les plus renommés, se célébroient tous les quatre ans révolus, près de l'antique ville de Pise et du fleuve Alphée, dans la vaste plaine appelée Olympia (1). Leur origine se perd dans l'obscurité des temps, et toute supposition à cet égard seroit hasardée; nous citerons cependant certaines époques remarquables. Strabon, Diodore et autres, nous apprennent qu'en l'an du monde 2500 ou 267 avant la destruction de Troye, Hercule, un des dactyles du Mont-Ida, en Crète, vint avec quelques-uns de ses compagnons en Élide ; qu'il y apporta les arts et le culte des Phrygiens, et fonda les jeux olympiques, en proposant des courses à pied, dans

---

(1) Beaucoup d'auteurs ont cru qu'Olympia étoit une ville du Péloponnèse, tandis que ce n'étoit qu'une grande et belle plaine où Jupiter avoit son plus beau temple. Cet endroit étoit aussi délicieux par sa position naturelle que par une infinité de chefs-d'œuvres de l'art dont il étoit embelli, tels que le grand Stade, avec les maisons attenantes, le magnifique temple de Jupiter, avec son bosquet sacré dans lequel se trouvoient plus de mille statues, ouvrages des plus fameux sculpteurs de la Grèce, les habitations des prêtres, un gymnase, une quantité de belles maisons de campagne, etc. *Voyez* Strabon, Pausanias, Ptol., Stef., Pind., Olymp.

lesquelles une couronne d'olivier seroit le prix du vainqueur. En l'an 2634, Pelops, roi d'Élide, consacra ces jeux à Jupiter. Ils restèrent ensuite abandonnés jusqu'en l'an 2729, où Atrée et Thieste les établirent de nouveau pour honorer la mémoire de leurs aïeux. L'an 2733, Thésée les fit célébrer. En 2747, Hercule les renouvela; mais ce ne fut qu'en l'an 3174 qu'Iphitus en consacra l'usage périodique en y attachant des motifs de politique et de religion (1). Depuis la première olympiade, en l'an 3174, ces jeux furent continués jusqu'en l'an 4343, où l'empereur Théodosien les supprima, après avoir été célébrés 293 fois dans l'espace de 1169 ans.

Les combats gymniques que l'on exécutoit pendant les cinq jours que duroient ces jeux, étoient : la course à pied, le pugilat, la lutte, le pancrace, le palet ou le disque; et, par la suite, la course des chars et celle à cheval.

La course à pied nous est connue : ce fut un cuisinier d'Elide, nommé Coroebe, qui le premier remporta le prix.

---

(1) Nous nous trouvons ici en contradiction avec le père *Petau*, qui prétend que Iphitus rétablit ces jeux 23 ans après la fondation de Rome, et 408 ans après la prise de Troyes. *Dicéarque*, cité par le scholiaste d'Apollonius, a fixé la première olympiade en l'an 776 avant l'ère chrétienne, ou l'an du monde 3228.

Le pugilat étoit un combat à coups de poings. Les athlétes armoient leurs mains d'un *ceste* (espèce de gantelet), garni de fer ou de plomb, et se battoient avec acharnement, jusqu'à ce que l'un d'eux eût terrassé l'autre; ou que ce dernier, laissant tomber ses bras défaillans, demandât quartier, et s'avouât vaincu, en levant le doigt.

Les lutteurs (1), avant que de combattre, se faisoient frotter d'huile, pour donner de la souplesse et de la force à leurs membres; ils se rouloient ensuite sur la poussière, ou se faisoient jeter du sable fin sur le corps, par le double motif d'empêcher la trop grande transpiration, et de pouvoir saisir leurs adversaires avec plus d'avantage.

Le pancrace étoit le combat le plus rude et le plus douloureux, puisqu'il réunissoit la lutte et le pugilat. Les combattans y employoient non-seulement toutes les ressources de leur adresse et de leur force, mais ils y joignoient encore le secours des ongles, des dents, des poings et des pieds.

Le palet consistoit à lancer très-haut ou très-loin un disque de fer ou de pierre (2).

---

(1) Philostrate prétend que c'étoit Palaestre, fille de Mercure, qui avoit inventé la lutte. Dans l'antiquité on donnoit assez communément le nom de Palaestre à l'endroit même où l'on s'exerçoit à la lutte.

(2) Parmi les objets d'arts et d'histoire naturelle que

Ceux qui se faisoient inscrire pour concourir à ces jeux, subissoient d'abord un examen très-sévère. Une des principales conditions exigées pour être admis à ce concours, étoit : d'être né Grec, d'être libre, et de jouir d'une réputation intacte. Les hellanodices (1) ou juges étoient de la plus stricte impartialité ; ils n'avoient pas plus de considération pour un prince que pour un simple particulier. De plus, les combattans étoient soumis à des réglemens observés avec rigueur, et qui interdisoient à chacun tout moyen de trahison envers son adversaire. Nul n'étoit proclamé vainqueur s'il

---

les Français ont conquis en Hollande, il s'est trouvé un *disque antique* ; c'est peut-être le seul qui existe encore. On le voit présentement à la bibliothèque nationale dans le cabinet des médailles. Il est d'un granit verdâtre et de forme ronde ; son diamètre est de neuf pouces, neuf lignes ; et son poids est de onze livres, cinq onces. Pour l'assujettir dans la main de l'athléte, on voit que l'on avoit pratiqué un creux de chaque côté, l'un servant au pouce, et l'autre aux quatre doigts. *Voyez* tab. I, fig. 12.

(1) On les appeloit *hellanodices* ou *agonothètes*. Leur charge comme premiers magistrats, pendant la durée des jeux, étoit de présider l'assemblée, de veiller à l'observation des réglemens, d'examiner l'origine et les qualités des athlétes ; de juger les pièces dramatiques, et de décerner les prix aux vainqueurs. Ces magistrats ne pouvoient présider à ces jeux qu'en habits de deuil. Boulanger croit en trouver la raison allégorique dans leur institution primitive.

n'avoit triomphé de son ennemi conformément aux règles de la gymnastique ; c'est-à-dire, qu'il falloit lui crever les yeux, lui casser les bras ou les jambes, ou lui fracasser les côtes avec art ; enfin, la gloire du vainqueur n'étoit complète qu'autant qu'il restoit debout, laissant le vaincu étendu mort sur la place.

Ce ne fut que dans la vingt-cinquième olympiade que la course des chars à quatre chevaux attelés de front, fut introduite : la course à cheval le fut dans la vingt-huitième olympiade, et 260 ans après, celle des chars à deux chevaux. D'après le rapport des historiens Grecs, l'attelage des chevaux et la décoration des chars étoit de la plus grande magnificence. L'usage des chevaux étant alors peu commun, les princes, les rois même, mettoient leur gloire à en envoyer aux jeux olympiques, pour disputer les prix.

Les personnes de distinction célébroient leur victoire par des sacrifices à Jupiter Olympien, et même par des repas publics. Alcibiade ayant remporté les trois prix de la course des chars, fit un grand sacrifice à Jupiter, et donna ensuite un repas splendide à toute l'assemblée d'Olympie. Jon de Chio remporta le prix de la tragédie, et donna à chaque Athénien un flacon de vin de Chio.

Lorsqu'un combat étoit fini, le premier des

hellanodices se levoit, posoit la couronne d'olivier sauvage sur la tête du vainqueur, et lui mettoit une palme dans la main ; après cela, un héraut, précédé d'un trompette, lui faisoit parcourir tout le stade en proclamant son nom et celui de son pays.

Quant au concours pour le prix de la musique, il étoit plus honorable d'être un citharède qu'un cithariste. Ces derniers n'étoient que des joueurs d'instrumens, et ne connoissoient que la partie mécanique de leur art; les premiers, au contraire, instruits dans plusieurs arts, étoient, d'après l'usage de ce temps, poëtes, compositeurs de musique et joueurs d'instrumens tout à la fois. Les citharèdes se distinguoient encore des autres poëtes et musiciens par leur sagesse et par leurs talens. Homère les nomme des hommes *respectables*. Agamemnon, avant de partir pour le siége de Troye, engagea un citharède pour tenir compagnie à sa femme Clytemnestre, pendant la durée de la guerre. Cet habile artiste savoit si bien allier dans ses poésies les saillies d'une gaieté aimable avec les expressions d'une morale austère, que la reine prit le plus grand plaisir à l'entendre, et résista aux tentatives que fit Egiste pour la séduire : désespéré du peu de succès de ses soins, ce prince conçut bientôt pour le citharède la haine la plus violente, et le regardant comme un obstacle insurmontable à son amour, le fit périr. Il dut son triomphe à ce crime; car Clytemnestre ne tarda pas à succomber (1).

La considération dont le peuple honoroit un vainqueur dans les jeux olympiques, étoit si grande, que, lorsqu'il retournoit dans son pays, ses concitoyens venoient au devant de lui pour lui témoigner leur admiration, et participer à son entrée triomphale dans la ville : cette entrée n'avoit pas lieu par la porte, cela eût été trop com-

---

(1) Dans l'antiquité, les rois honoroient fort souvent les citharèdes de leur amitié. On voyoit cependant quelques-uns de ceux-ci, dont cette intimité ne satisfaisoit pas toujours l'ambition, se faire payer chèrement lorsqu'on vouloit les entendre; tel étoit Aniable, citharède d'Athènes, qui ne chantoit pas à moins d'un talent attique ; ce qui valoit à peu près 2666 liv. de notre monnoie.

Philoxène, citharède et ami de Denis le jeune, roi de Syracuse, est remarquable dans l'histoire par la noble fermeté qu'il eut de ne jamais pardonner à un roi perfide. Ce prince ayant donné une mauvaise tragédie à corriger, il la raya depuis la première page jusqu'à la dernière, ce qui mit le tyran dans une telle fureur, qu'il le condamna au travail des carrières. Quelque temps après, Philoxène ayant trouvé le moyen de s'échapper, et s'étant réfugié à Tarante, Denis lui écrivit les lettres les plus pressantes pour l'engager à redevenir son ami; mais il ne répondit jamais que par ce seul mot : *non*.

mun, mais par une brèche que l'on faisoit exprès ; outre cela, on lui érigeoit une statue, et les plus fameux poëtes chantoient ses louanges (1) : il étoit dès ce moment affranchi de toute imposition ; il avoit libre entrée dans les spectacles, et sa place à côté des premiers magistrats. Quelquefois on le récompensoit encore en lui donnant des esclaves, des chevaux, des armes, des vases d'or, etc. : même le repas au Prytanée ne fut long-temps destiné que pour récompenser les athlétes couronnés ; cependant, par la suite, l'esprit philosophique ayant fait plus de progrès, on accorda aussi cet honneur à des personnes qui, par des vertus réelles, avoient bien servi leur patrie (2).

L'on n'a pas besoin d'étudier long-temps l'histoire des Grecs pour s'apercevoir qu'ils faisoient plus de cas des talens mécaniques et d'adresse, que des productions de l'esprit et du génie. Chaque

---

(1) *Voyez* les odes olympiques et isthmiques de Pindare.

(2) Le Prytanée étoit une grande place d'Athènes, environnée de bâtimens dans lesquels les sénateurs et autres magistrats tenoient leurs séances. Il renfermoit aussi les magasins de blé, et la salle à manger pour ceux à qui la république accordoit le repas au Prytanée à titre de récompense. L'entrée en étoit sévèrement interdite aux femmes, excepté aux joueuses de flûte qui en jouissoient librement, probablement parce que pendant les repas elles jouoient et chantoient des hymnes en l'honneur des dieux et des héros.

athléte couronné recevoit des hommages si distingués que, pour éterniser son nom, on plaçoit sa statue dans le bois sacré d'Olympie (1). Plusieurs joueurs d'instrumens reçurent le même honneur. Les Milésiens, par admiration pour le cithariste Archilaüs, lui firent ériger une statue. Pindare n'eut point de statue à Thèbes, tandis que le musicien Cléon obtint cet honneur, avec l'inscription la plus flatteuse (2).

Xénophane se plaignant de ces injustices, dit : « Malgré qu'un athléte parvienne parmi ses con-

---

(1) D'après la description de Pausanias, le nombre immense de statues représentant des dieux, des héros, des vainqueurs dans les jeux, etc., offroit le spectacle le plus intéressant, et l'artiste y trouvoit pour ainsi dire l'histoire de l'art de la sculpture. On en voyoit les premiers développemens dans les ouvrages de Dipoene et de Scyllis; les progrès dans ceux de Calamis, de Canachus, de Miron, et la perfection dans ceux de Phidias, d'Alcamine, d'Onatas, de Scopa, de Praxitèle, de Polyctète, de Lysippe, et enfin la décadence dans les monumens des temps postérieurs.

(2) Il est à remarquer que l'on ne permettoit jamais d'ériger au vainqueur une statue plus grande ou plus petite, plus jeune ou plus vieille que son modèle. Les hellanodices veilloient scrupuleusement à ce que le sculpteur ne s'écatât en rien de la vérité; et la statue avant que d'être élevée étoit soumise à un examen aussi sévère que celui qu'un athléte subissoit pour son admission au concours.

» citoyens au faîte des honneurs, il n'en est pas
» moins au-dessous de moi; car la sagesse dont
» je fais profession vaut mieux que la force,
» soit des hommes, soit des chevaux. C'est en vain
» qu'on prétend le contraire : n'est-il pas injuste
» de préférer la force du corps à celle de l'es-
» prit »?

Il nous est impossible de fixer avec vérité l'époque où la musique et la poésie furent admises, pour la première fois, dans ces jeux : le premier concours un peu remarquable, fut celui d'Euripide avec Xénoclès, dans la quatre-vingt-unième olympiade, où ces deux poëtes disputèrent le prix de la poésie dramatique. Suétone et Philostrate nous rapportent que Néron concourut pour le prix de la poésie et de la musique, et qu'il fut déclaré vainqueur. Dans la quatre-vingt-sixième olympiade, l'an du monde 3554, on arrêta le concours pour la trompette; et Timée d'Eolie gagna le premier prix.

Les jeux *néméens* se célébroient tous les deux ans dans *Argos,* en l'honneur d'Hercule, vainqueur du fameux lion de *Némée.* Lucien dit que cette forêt étoit située dans la Corinthie, près d'un endroit nommé *Trétos,* et que ce fut là qu'Hercule, après avoir tué le lion, institua ces jeux par un sacrifice. Athénée prétend que leur institution eut lieu après la mort d'*Archemore,* pour honorer sa mémoire. Furgault, dans son dictionnaire, croit qu'ils furent établis par Adrante, et renouvelés par Hercule. Quelle que soit leur origine, voici comment ces jeux étoient célébrés.

Dans les premiers temps, les Argiens n'avoient institué des prix que pour l'équestre et la gymnastique : dans la suite, ils mirent les combats en usage dans les jeux olympiques, avec la seule différence que les athlétes couroient armés d'un bouclier et d'un casque, et chaussés de bottines; ce qui rendoit leur course moins prompte et plus difficile. On décernoit d'abord au vainqueur une couronne d'olivier; mais après la malheureuse guerre des Argiens contre les Mèdes, on se servit d'une couronne d'ache vert.

Les jeux *isthmiques* étoient célébrés tous les trois ans à Corinthe (1); et le prix du vainqueur fut une couronne de pin. Ces jeux funèbres, dans leur origine, furent institués en l'honneur de *Mélicerthe;* exécutés pendant la nuit, ils ressembloient

---

(1) Ville grecque, située dans l'isthme qui joint la Grèce méridionale à la septentrionale, c'est-à-dire, le Péloponnèse au reste de la Grèce. Les empereurs romains ayant formé le projet de percer l'isthme et de joindre les deux mers par un canal, ont sacrifié des sommes immenses sans jamais pouvoir réussir, ce qui a donné lieu au proverbe grec : *entreprendre de percer l'isthme* pour exprimer *tenter l'impossible.*

plutôt à des mystères nocturnes qu'à des fêtes nationales : mal dirigés par le gouvernement de Corinthe, ils occasionnèrent tant de désordres, à cause des vols et des meurtres qui se commettoient sur le grand chemin de l'isthme, qu'à la fin ils furent interrompus pendant soixante-dix ans. Dans la quarante-neuvième olympiade, l'an du monde 3366, Thésée, onzième roi d'Athènes, les rétablit. Il les consacra solennellement à Neptune, les fit exécuter pendant le jour, et fixa l'époque de leur célébration dans la première et la troisième année de chaque olympiade. Pour leur donner la splendeur et l'attrait des autres fêtes, il établit des prix pour la musique et la poésie, ainsi que pour les combats gymniques.

Les jeux *pythiques*, célébrés à Delphe tous les quatre ans, étoient consacrés à Apollon, en mémoire du serpent *python*, qu'il avoit tué. Ils furent fondés pour chanter des hymnes et des péanes en l'honneur de ce dieu. Les musiciens et les poëtes qui remportoient le prix recevoient une couronne d'olivier (1). Ces jeux eurent le même sort que ceux appelés *isthmiques*. Ils tombèrent en désué-

---

(1) Pausanias, lib. X, v. 7, dit que primitivement on ne chantoit dans les jeux pythiques que des lamentations et des élégies, dont le chant étoit triste et funèbre ; mais que les amphyctions, pour égayer ces jeux, proscrivirent l'usage des instrumens lugubres.

tude jusqu'en l'an 3364, où les *amphyctions* (assemblée des députés de toute la Grèce), après la victoire remportée sur le peuple de Crissa (ville antique de la Phocide), les rétablirent, en témoignage de reconnoissance pour Apollon, et leur donnèrent plus de magnificence qu'ils n'en avoient auparavant. Les amphyctions ordonnèrent qu'ils seroient célébrés tous les cinq ans, au commencement de la troisième année de chaque olympiade. Ils devinrent si fameux, que l'on datoit même les années d'après les pythiades.

En outre des prix de poésie, de musique et des combats gymniques, on en créa aussi pour les plus habiles joueurs de flûte et pour les plus célèbres citharèdes. Il ne faut cependant pas confondre les joueurs de flûte avec des musiciens ordinaires que l'on pouvoit faire venir chez soi moyennant une légère rétribution : c'étoient des artistes distingués dont le talent consistoit à exprimer par la variété des sons les sentimens qui étoient renfermés dans les paroles d'un poëme. Il falloit pour se présenter dans les jeux pythiques et concourir au prix, être en état d'exécuter ainsi les tirades les plus caractéristiques et les plus passionnées des poëtes célèbres.

L'hymne que les poëtes chantoient pour disputer le prix, étoit composé de cinq strophes. Dans la première, Apollon se préparoit à combattre ; dans la seconde, il provoquoit le serpent et lui offroit le combat; dans la troisième étoit le chant du combat; dans la quatrième, Apollon étoit vainqueur; et la cinquième étoit le chant de victoire qu'Apollon avoit chanté et dansé lui-même après avoir triomphé.

Chrysostémis, de l'Ile de Crète, fut le premier qui remporta le prix de la poésie et de la musique. *Philammon*, de Delphe, fut le second; celui-ci avoit composé un nouveau genre de poésie, appelé *nomos*, qui fut bientôt imité par tous les poëtes de son siècle (1). *Thamyris*, de Thrace, gagna le prix à la troisième célébration de ces jeux. Platon estimoit beaucoup les hymnes de ce poëte, et les élevoit au même rang que ceux d'Orphée. Aussi dit-il que l'ame de Thamyris étoit passée dans le corps d'un rossignol, et celle d'Orphée dans celui d'un cygne. *Eleutherus*, chanteur et citharadiste, remporta le prix par le charme de sa mélodie, quoique la poésie de l'hymne ne fût pas son ouvrage. *Aristone*, fameux citharède de Lacédémone, obtint six fois le prix de la poésie et de la musique. Ce fut aussi dans la première célébration de ces jeux que *Sacadas*, d'Argos, remporta le prix de la flûte, en exécutant sur son instrument un poëme pythique en l'honneur

---

(1) Les mots *chant*, *air*, *cantique* et *nome* sont très-souvent pris l'un pour l'autre par les auteurs grecs.

d'Apollon. Pindare nous apprend que Sacadas composa chaque strophe dans un autre tonique, ou mode, en usage de son temps, c'est-à-dire, sur le dorien, le phrygien et le lydien; qu'il apprit aux chœurs à les chanter dans ce même ordre, et que cet air s'appeloit *trimèles* (à trois modes), à cause des trois changemens de tonique. *Terpandre* gagna quatre fois le prix de la poésie et de la musique en chantant des hymnes de sa composition et des scènes de l'Iliade qu'il avoit mis en musique. *Hésiode* manqua le prix, faute d'avoir su accompagner de la lyre les poésies qu'il chantoit.

Le goût des Grecs pour ces jeux publics devint bientôt une passion nationale, qui engagea chaque ville et chaque peuple à en établir chez soi. Ne pouvant pas rivaliser, pour la magnificence et la variété des objets, avec ceux d'Olympie, les imitateurs y firent participer la religion et les mystères; et ce moyen réussit parfaitement à leur faire un grand nombre de partisans et d'admirateurs.

C'est ainsi que, dans l'île de Délos, on célébroit, tous les cinq ans, une fête en l'honneur d'Apollon. Cette fête, dans laquelle les poëtes ne chantoient que des péanes, doit avoir été instituée du temps d'Homère; elle fut long-temps négligée, et rétablie par les Athéniens dans la sixième année de la guerre du Péloponnèse.

Les Lacédémoniens, en commémoration de la fin

d'une maladie contagieuse dont ils avoient été longtemps affligés, instituèrent, dans la vingt-sixième olympiade, les jeux *carniens* en l'honneur d'Apollon ; ils duroient neuf jours : les plus célèbres poëtes et musiciens y étoient couronnés. L'on y établit aussi un prix pour la cithare, et ce fut Terpandre qui le remporta le premier.

Les Argiens célébroient des jeux *sthéniens*, institués primitivement en mémoire de Danaüs, et rétablis ensuite en l'honneur de Jupiter Sthénien. On y exécutoit même les combats gymniques au son des flûtes.

A Delphes on célébroit des fêtes et des jeux en l'honneur de Diane, et à Épidaure c'étoit pour honorer Esculape que les athlétes exposoient leur vie, et que les poëtes et musiciens rivalisoient de talens.

A Athènes, les dames célébroient, au mois d'octobre, une fête appelée *Tesmophorie*, en l'honneur de Cérès. Les hommes en étoient exclus, et n'osoient entrer dans le temple, sous peine de mort. Chaque tribu d'Athènes faisoit choix de deux femmes pour présider la fête ; les autres devoient être vierges, ou femmes réputées honnêtes. Dans ces cérémonies religieuses, chacune avoit une torche à la main, et c'étoit à qui porteroit la plus grande, pour mieux honorer la déesse. Les mystères avoient lieu pendant la nuit. L'objet principal
de

la vénération des initiées étoit le *cléis* (marque distinctive du sexe féminin). Toutes se tenant par la main et formant un cercle, exécutoient, en chantant au son de la flûte, une danse persique.

La fête de Cybèle et d'Atys étoit d'une extravagance inconcevable : pendant les cérémonies et les sacrifices, on chantoit des hymnes accompagnés par les instrumens les plus bruyans; insensiblement la ferveur des assistans s'échauffoit, et devenoit bientôt telle, qu'elle les portoit au point de se mutiler le corps. On y voyoit de jeunes prêtres galles se couper les parties naturelles, et courir dans la ville comme des insensés en les tenant à la main : à leur retour dans le temple, ils se revêtissoient d'habits de femmes. Dans le culte mystérieux, l'aimable Vénus, la mère des amours, étoit représentée avec une grande barbe et les marques distinctives des deux sexes. Les hommes lui sacrifioient en habits de femmes, et celles-ci en habits d'hommes.

Les *fêtes adoniennes* étoient célébrées au printemps. On plaçoit dans la rue la figure d'un jeune homme mort; les femmes, en habits de deuil, venoient en procession l'enlever, en chantant des *thrènes* aux sons lugubres des flûtes. Ces cérémonies mystérieuses étant finies, l'affliction et les gémissemens cessoient, et l'on célébroit avec des transports de joie la résurrection d'Adonis.

Dans les *fêtes sabasiennes,* qui n'avoient lieu que pendant la nuit, la licence et l'immoralité étoient commandées par le culte même, et l'excès de la débauche étoit porté au plus haut degré. Il faut qu'il ait été bien horrible, puisque les historiens grecs ont craint de souiller leur nom et de blesser les dernières règles de la pudeur, en révélant le fond de ces mystères nocturnes.

Pour ne point fatiguer nos lecteurs en décrivant encore les fêtes particulières des Arcadiens, des Crétois, des Messéniens, des Milésiens, des Thébains, des Phrygiens, et autres, nous ne les entretiendrons que des trois qui ont été les plus remarquables; savoir : la fête d'Eleusis, celle de Bacchus, ou des Dyonisiens, et les Panathénées.

Les fêtes d'Eleusis furent instituées en l'honneur de Cérès. Il y en avoit de petites et des grandes: les premières étoient célébrées tous les ans; mais les autres seulement tous les cinq ans. Les profanes en étoient exclus; et pour se faire recevoir dans l'initiation des grands mystères, il falloit absolument être admis et préparé aux petits. Dans la célébration des mystères, l'hyérophante, ou grand prêtre, entonnoit les hymnes sacrés que les assistans répétoient en chœur. Pollux nous apprend qu'il y avoit aussi dans le temple des prêtres de Cérès, dont l'emploi étoit de chanter des hymnes, et que les prêtresses subalternes composoient le chœur des femmes. Ces fêtes duroient neuf jours. Au premier, il y avoit une assemblée générale des initiés et des aspirans : ces derniers s'engageoient par serment à garder inviolablement le secret, et se préparoient à l'initiation. Le second jour étoit celui de la purification : les mystes alloient en procession jusqu'à la mer, où ils se lavoient le corps. Le troisième jour étoit destiné aux cérémonies lugubres : on se condamnoit au jeûne ; on se livroit à la tristesse et aux gémissemens, pour imiter la douleur de Cérès et de Proserpine. Au quatrième jour, les initiés faisoient un sacrifice qui étoit terminé par des danses mystiques. (Dans le sacrifice, il étoit défendu de toucher aux victimes les parties de la génération.) Le cinquième jour, il y avoit la cérémonie des flambeaux et la procession dans le temple, pour imiter les recherches de la déesse : ce jour étoit regardé comme le plus solennel de la fête, en ce qu'il rappeloit l'enlèvement de la déesse par Pluton. Le sixième jour, on faisoit une procession d'Athènes à Eleusis, dans laquelle on portoit le jeune Jacchus, ou Bacchus, couronné de myrthe, et tenant un flambeau à la main. Cette procession étoit accompagnée de chants, de cris et de danses. Le septième jour, la procession retournoit d'Eleusis à Athènes, et il y avoit des jeux et des combats. Le huitième, on célébroit l'épidaurie, ou la fête et les initiations établies en l'honneur d'Esculape. Le neuvième jour, enfin, se passoit en libations, en réjouissances, au son d'instrumens bruyans, et étoit terminé par des jeux gymniques.

La fête et les mystères d'Eleusis étoient tellement respectés que, dans la Grèce entière, tout homme instruit et de quelque considération, s'empressoit de s'y faire initier. L'on croyoit communément que pour vivre avec honneur et mourir avec gloire, il falloit avoir l'ame élevée par les dogmes et les principes de ces mystères. Les poëtes (1) contribuoient particulièrement à propager cet enthousiasme, en vantant les faveurs divines dont jouissoient les initiés. Diodore prêchoit par tout que l'initiation rendoit plus religieux et plus juste qu'on ne l'étoit auparavant. Cicéron dit : « Ce sont les mys-
» tères de Cérès qui nous ont appris, non-seule-
» ment à vivre avec joie, mais encore à mourir
» avec l'espoir de devenir plus heureux ». D'autres croyoient que les cérémonies religieuses exécutées dans ces mystères étoient seules capables de fortifier l'ame des mortels contre les craintes de la mort.

Les *fêtes de Bacchus*. Il y en avoit de grandes

---

(1) *Voyez* Strabon, lib. X; Platon in Phædon; Cicéron de leg., lib. II.

et de petites. Les grandes, appelées *dionysiennes*, étoient célébrées dans la ville vers le printemps, et les petites, appelées *lénéa*, ou communément *bacchanales*, en automne dans la campagne. L'initiation et les cérémonies religieuses, dont le fond rouloit sur les révolutions physiques du monde et le massacre de Bacchus par les Titans, se faisoient avec beaucoup d'appareil pendant la nuit, à la lueur des torches. Les initiés, revêtus de peaux de faon, ou d'autres bêtes sauvages, portoient sur la tête une couronne qui, dans les dionysiennes, étoit de myrthe, et dans les bacchanales, de lierre. Le chant des dithyrambes et la danse étoient accompagnés par la double flûte, la flûte de Pan, les cymbales, la lyre, les crotales, les castagnettes, le tympanon, le buccin et le cornet. L'indécence et la débauche, loin d'être condamnées par la religion, étoient même commandées dans ces fêtes ; et, pour les célébrer dignement, il falloit commencer par s'enivrer, et se livrer ensuite à tous les excès. C'est ainsi que beaucoup de femmes, pour preuve de zèle et de dévotion, se prostituoient publiquement. D'autres hommes et femmes travestis couroient le jour et la nuit dans les champs et sur les montagnes, remplissant l'air de cris et de hurlemens. Le premier jour étoit consacré aux initiations ; le second, l'on faisoit un sacrifice à Mercure, en sa qualité de conducteur des morts. Le temple de Bacchus, fermé toute l'année, s'ouvroit à ce second jour : les femmes y entroient pour célébrer des mystères dont les hommes étoient exclus. Les processions de Bacchus étoient aussi tumultueuses que scandaleuses. Son char, traîné par des centaures qui jouoient de différens instrumens, étoit entouré et suivi par des bacchantes, des faunes, des satyres et des corybantes. Malgré l'immoralité qui présidoit à ces fêtes, elles étoient généralement aimées en Grèce, et les gens instruits s'empressoient de s'y faire initier. *Plutarque* se dit initié aux mystères religieux de Bacchus, et témoin de ses pieuses cérémonies. Aristophane fit chanter un chœur d'initiés, dont le sens étoit : Le soleil et sa lumière agréable sont pour nous seuls, qui, admis aux mystères, observons les lois de la piété envers nos concitoyens et les étrangers.

Les *fêtes panathénées* furent célébrées à Athènes en l'honneur de Minerve, déesse tutélaire de la ville (1). Il y en avoit aussi de deux espèces, de

---

(1) Leur origine est fort douteuse; les uns l'attribuent à Ericthon, d'autres à Orphée. M. de Sainte-Croix adopte l'opinion de Meursius et de Chreston; il croit que les Thessaliens les avoient instituées à la mort de Pelée. Au reste, les Athéniens, ainsi que tous ces peuples de l'Antique, les célébroient avec un respect religieux dans la quatrième année de la vingtième olympiade, ou 457 ans avant notre ère,

grandes et de petites; ces dernières se célébroient tous les trois ans, et les premières étoient fixées tous les cinq ans, au 23 du mois hécatombéon, qui répond à notre mois d'août. (*Voyez* Pausanias.) Les grandes se distinguoient par la marche du *vaisseau sacré de Minerve*. Ce navire étoit conservé religieusement près l'Aréopage, et ne paroissoit en public qu'au jour des grandes panathénées : il voguoit alors sur terre, à voiles et à rames, par le moyen de ressorts cachés à fond de cale, et transportoit au temple de Minerve l'habit mystérieux de la déesse : sur cet habit ou manteau, étoient représentées la victoire des dieux sur les géans, et les actions les plus mémorables des grands hommes d'Athènes.

Pollux, Athénée, Platon et Xénophon, prétendent qu'il n'y avoit que trois prix et trois sortes de combats dans les fêtes panathénées; mais ces auteurs respectables sont dans l'erreur, comme nous l'allons voir. Ils disent que le premier combat, qui s'exécutoit le soir, étoit une course à pied, dans laquelle les athlétes tenoient chacun un flam-

---

en mémoire de la réunion des peuples de l'Attique devenus tributaires d'Athènes, et aucun d'eux n'osoit assister à cette fête qu'habillé de blanc. Pendant la durée des panathénées, les tribunaux étoient fermés, la justice suspendue, et les affaires d'état ne consistoient qu'en jeux et en spectacles.

beau à la main, et que celui qui, sans l'avoir éteint, arrivoit le premier au but, étoit proclamé vainqueur. Cette course ne s'est pas soutenue longtemps, et l'on y substitua une course équestre, qui fut regardée comme un amusement plus noble : mais nous ne saurions déterminer en quel siècle et en quelle année ce changement s'est opéré ; nous savons seulement que l'usage de monter à cheval ne fut connu en Grèce que vers l'an du monde 2650, ou 1354 avant l'ère chrétienne. Le second jour étoit destiné aux combats gymniques, qui s'exécutoient sur le bord du fleuve d'*Ilissus*. Comme les athlétes combattoient tout nus, c'étoit une raison pour que les dames d'Athènes ne pussent point y assister (1).

---

(1) Nous avons à regretter qu'aucun auteur n'ait voulu s'expliquer sur le motif de cette exclusion des femmes. Étoit-ce par pudeur ? ce seroit méconnoître le caractère du beau sexe d'Athènes ; car, initiées aux mystères de Cérès et de Cybèle, et célébrant les fêtes de Bacchus, la pudeur chez elles ne pouvoit plus exister ; il est encore moins vraisemblable que ce fut par humanité, puisqu'elle ne leur défendoit pas d'assister et d'applaudir même aux courses des chars et des chevaux, où chaque fois nombre de malheurs arrivoient. Des chevaux abattus et traînés par les autres, des écuyers renversés avec leurs chars, se cassant bras et jambes, ou, tombés avec le cheval et restant écrasés sur l'arène : tout cela ne causoit aucune émotion aux dames d'Athènes ; pourquoi donc n'auroient-elles pas osé voir des hommes nus se donner des coups de poing ?

Le troisième jour étoit consacré au concours pour la poésie et la musique, institué par Périclès, général athénien, qui remplit lui-même la charge de premier hellanodice. Les meilleurs poëtes, accompagnés par une flûte, ou par une cithare, disputoient le prix en chantant les louanges d'Harmodius, d'Aristogiton et de Trasibule : d'autres qui avoient composé des pièces dramatiques, les récitoient jusqu'au nombre de quatre chacun ; et cet assemblage de poëtes dramatiques s'appeloit *tétralogie*.

Outre les prix pour les combats gymniques, pour le chant des hymnes et pour les pièces dramatiques, il y en avoit encore pour d'autres genres de poésie, et même pour l'exécution instrumentale dégagée de l'association de la voix et de la poésie. Les registres des panathénées nous attestent que le chant des élégies, accompagné de la flûte, y fut couronné. *Mélanippide* gagna le prix aux jeux olympiques, dans la quatre-vingtième olympiade, par le chant d'un poëme mis en musique d'après le système de douze cordes. Cette nouveauté fit beaucoup crier les partisans de l'ancien système religieux. *Phrynis*, fameux joueur de cithare, fut le premier qui gagna le prix de cet instrument aux jeux panathénées (1). Une autre

---

(1) D'après Athénée ce fut Terpandre qui remporta le premier le prix de la cithare.

fois, il fut moins heureux disputant le prix contre *Timothée de Milet*, qui fut proclamé vainqueur. Plutarque nous a conservé les vers du premier, qui constatent cet événement : « Que tu étois heu-» reux, Timothée, lorsque tu entendois le héraut » publier à haute voix : Timothée de Milet a vaincu » le fils de Cabon, ce joueur de cithare dans le » goût ionien ». *Terpandre* et d'autres fameux citharistes y ont aussi remporté des prix.

Le peuple grec prit un bien plus vif intérêt à ces jeux, lorsqu'il y joignit des représentations théâtrales, qui en devinrent à la fin le principal ornement. Les Athéniens firent même une loi qui obligea tous les acteurs et chanteurs, sous peine d'une amende, de se rendre à Athènes vers le temps des panathénées, afin que les hellanodices pussent choisir les plus habiles pour les spectacles que l'on donnoit gratuitement au peuple. Il y régnoit autant de pompe que de magnificence : mais, malheureusement pour les Athéniens, leur goût pour ce genre de plaisir s'accrut à tel point, qu'il devînt une passion ; et le gouvernement, jaloux d'avoir le plus beau spectacle de la Grèce, porta la frénésie jusqu'à sacrifier à cette folle gloire tout ce qui devoit lui être le plus sacré, et à dépenser même les trésors amassés pour l'entretien des armées de terre et de mer. On prétend que les représentations des trois tragédies de

Sophocle coûtèrent plus à l'Etat que la guerre du *Péloponnèse*, qui dura *vingt* ans.

La tragédie chez les Grecs, embellie par tous les charmes de la musique, étoit l'ouvrage des meilleurs poëtes : le but moral en étoit moins d'amuser le peuple, que de lui faire voir un tableau des suites malheureuses auxquelles les mortels s'exposent en désobéissant aux dieux; tantôt le sujet rouloit sur un événement historique qui représentoit les malheurs d'une guerre de longue durée; tantôt il exposoit tous les fléaux et les convulsions horribles qui sont inséparables des troubles et des guerres civiles. Le dialogue étoit entremêlé de chœurs, qu'un joueur de flûte conduisoit sur la scène : enfin, la tragédie représentoit les effets de toutes les passions, et rien de ce qui pouvoit contribuer à frapper les sens de la multitude n'étoit épargné. Si l'on considère cette variété d'objets nouveaux, qui tantôt charmoient les yeux, tantôt remplissoient l'ame des spectateurs des élans d'une vertu héroïque, on ne sera plus étonné que les Grecs, d'un caractère si sensible, d'une imagination si inflammable, ne se lassassent point de voir, pendant les fêtes panathénées, jusqu'à sept tragédies dans un jour.

C'est à ces spectacles que les Grecs durent les changemens qui se firent remarquer en eux : bientôt leurs principes religieux et politiques ne leur convinrent plus; leur esprit guerrier, leur bravoure s'amollirent, et ces sentimens de patriotisme qui avoient produit tant d'actions héroïques, n'agirent plus que foiblement. Telle fut la première cause de la décadence de ces peuples à la fois la terreur de leurs ennemis et le modèle des autres nations.

Ce fut vers le temps où leurs vertus primitives commençoient à se relâcher, que commença la fameuse guerre du Péloponnèse, qui, après vingt ans de combats, assura aux Lacédémoniens le titre et le pouvoir souverain sur les autres provinces de la Grèce. Depuis cette époque malheureuse, la fortune sembla avoir entièrement abandonné le parti des Grecs; car tous leurs efforts pour recouvrer leur ancienne splendeur furent inutiles, et ne servirent qu'à les conduire avec plus de rapidité vers une dissolution totale.

Enfin, en l'an 3838, la Grèce succomba sous les armes victorieuses des Romains, et ne fut plus qu'une province de leur vaste empire. Les Athéniens, réduits au désespoir, rassemblèrent toutes leurs forces, et tentèrent d'échapper à l'esclavage: mais, lorsque toutes les autres parties de la Grèce avoient déjà subi la loi du vainqueur, comment Athènes seule auroit-elle pu résister? Cette ville, qui étoit le centre des sciences et des arts, et qui renfermoit une foule de chefs-d'œuvres en tout genre, fut prise d'assaut, et détruite en grande partie.

Vouloir donner une description systématique et détaillée de la musique grecque, me paroît une entreprise dans laquelle un homme sensé ne pourra jamais s'engager. La barbarie et le fanatisme, ces deux passions dominantes des anciens Romains, n'ont laissé à notre esprit spéculateur qu'un terrain ingrat à parcourir, dans lequel on ne trouve que des notions vagues et souvent erronées, quelque soin que l'on puisse mettre dans ses recherches.

Cependant il est une vérité que l'homme instruit, qui étudie sans préjugés les ouvrages des poëtes et des philosophes de l'antiquité, ne sauroit méconnoître ; c'est que leur musique a été bien peu de chose en comparaison de la nôtre.

Les philosophes grecs semblent s'être imposé le devoir de ne laisser échapper dans leurs écrits aucune occasion de parler de la musique ; mais cela ne décide rien en faveur de leur système et de leur perfection dans cet art : il donne plutôt une nouvelle preuve du caractère national des Grecs, qui aimoient beaucoup à parler, et surtout à parler long-temps sur un même sujet, pour montrer qu'ils avoient de l'érudition et de l'esprit. Tels étoient particulièrement les Athéniens, qui avoient la réputation de ne savoir jamais se taire.

La musique vocale étoit trop assujettie au rhythme

et au mètre de la poésie, pour avoir pu franchir les bornes de la déclamation, et devenir mélodieuse (1). Avec cette simplicité et cette monotonie

---

(1) A ce sujet, M. Burette a donné dans des erreurs singulières ; il a cru que les joueurs d'instrumens en accompagnant le chant avoient osé ajouter des notes de liaison, ou des notes passagères, pour donner plus d'agrément et plus de mélodie à leur partie, par exemple lorsque la voix auroit chanté :

l'accomp. des instr. auroit exécuté :
$$\begin{cases} \text{fa} \text{ — la} & | & \text{la — fa.} \\ \text{fa, sol, la} & | & \text{la, sol, fa.} \end{cases}$$
ou, fa - sol, la | la - sol, fa.

Ce qu'en figures poétiques nous représentons ainsi :

Le chant.   —   — | —   — (1)
Les accomp. υ υ   — | υ υ   — (2)
Ou,   —   υ υ | —   υ υ (3)

Cet exemple suffit pour nous faire voir jusqu'à quel degré M. Burette étoit prévenu en faveur des anciens. Comment a-t-il pu oublier que la musique instrumentale des Grecs étoit subordonnée à la poésie ? qu'elle ne pouvoit avoir d'autre mouvement métrique que celui que lui prescrivoit le genre poétique ? que les Grecs n'ont jamais permis de chanter ou de jouer un instrument, sans que l'on observât les règles du rhythme et du mètre, et qu'une seule note ajoutée dans une phrase musicale, en changeoit tout à fait le caractère ? Pour rendre cette explication plus claire, nous allons supposer que le chant poétique s'exprimoit en vers spondaïques, par conséquent le mètre du rhythme étoit toujours composé de deux longues, comme : —, — (*voyez* 1.); mais dès que le joueur d'instru-

continuelle, seroit-il bien possible de produire chez nous de grands effets? D'un autre côté, il est possible que, si l'un des grands poëtes et musiciens du beau temps de la Grèce pouvoit entendre la musique de notre siècle, il la trouvât insignifiante, et peut-être même détestable.

Leur musique instrumentale auroit bien pu prendre un autre élan, et se dégager d'une gêne tyrannique; mais les Grecs étoient trop scrupuleux observateurs du rhythme, du mètre et du genre caractéristique, pour supposer qu'ils eussent jamais consenti que la musique instrumentale devînt autre chose qu'une imitation froide et uniforme de la musique vocale (1).

---

mens ajoutoit une note de liaison sur le premier temps, il exprimoit un vers anapeste, comme : ∪∪ ⎯ (*voyez* 2); et s'il ajoutoit une note sur le second temps, il faisoit un accompagnement dactylique, comme : ⎯, ∪∪ (*voyez* 3), au lieu d'un spondée : ⎯, ⎯. = Voilà de ces erreurs qui n'ont été commises que dans les siècles modernes, et jamais chez les Grecs.

(1) Leurs oreilles étoient tellement accoutumées au rhythme et au mètre, que même les crieurs publics, ou afficheurs, n'osoient pas y manquer. Avant que de pouvoir être engagés et employés pour publier les ordonnances civiles, il falloit qu'ils fissent preuve de leur talent dans un concours public, de crieur à crieur. L'art de publier les ordonnances étoit une espèce de déclamation qui tenoit le milieu entre

Et lorsque l'on jette un regard attentif sur les bornes de leur système, lorsque l'on examine l'état d'imperfection de leurs instrumens, leur peu de connoissances dans l'harmonie et dans toutes les autres parties de l'art, il est difficile de ne pas reconnoître que les partisans de la musique grecque en ont singulièrement exagéré le mérite.

Leur instrument favori, la *lyre*, n'avoit dans son origine que trois cordes, auxquelles *Orphée* ajouta une quatrième, pour former une étendue de quatre tons, que les Grecs appeloient *tétracorde*, comme mi, fa, sol, la. La forme de l'instrument, qui ne permettoit point de former d'autres sons que ceux des cordes à vide, nous autorise à croire qu'il n'avoit ni variété ni mélodie : les poëtes ne pouvoient, par conséquent, l'employer que pour marquer la cadence de chaque vers, ou la chute d'une période, en frappant avec le plectre la corde qui exprimoit la note fondamentale dans laquelle ils avoient modulé leur chant, et ce chant ne pouvoit s'éloigner du système de quatre tons. Cette opinion, que j'ai long-temps entretenue sans oser cependant la classer au rang des vérités, a reçu à mes yeux un nouveau degré d'évidence,

---

le discours et le chant, et dans laquelle les différentes progressions du ton devoient être, suivant les lois, conformes à l'objet de la publication.

depuis

depuis que j'ai examiné les manuscrits recueillis en Italie, et surtout ceux de la bibliothèque du Vatican. Parmi cette collection inappréciable se trouvent quelques poésies où, à la fin de chaque vers, on n'aperçoit qu'une seule note *vocale*, et au-dessous de celle-ci, une autre note *instrumentale* pour l'accompagnement. Voilà donc une preuve incontestable que l'accompagnement de la lyre n'a été employé, dans l'exécution de certaines poésies, qu'à la fin de chaque vers, pour faire entendre le ton dans lequel on chantoit. L'on trouve aussi des poésies avec les seules notes du chant: il y a apparence qu'elles étoient destinées à être chantées sans accompagnement; ou bien le poëte ne savoit jouer d'aucun instrument, et ignoroit l'art d'accompagner.

Après ce que nous avons dit de l'état d'imperfection de la lyre, dont on a vu plus haut la figure originaire, il nous reste à faire connoître quelques-uns des nombreux changemens qu'elle a éprouvés dans sa forme et dans la quantité de ses cordes.

A mesure que les Grecs étendirent leurs connoissances, et qu'ils firent des progrès dans les beaux arts, nous remarquons un changement sensible dans la forme et dans les ornemens de la lyre. Au lieu d'une écaille de tortue ou d'une corne de belier, on commença à la construire d'un bois sonore, et puis, pour lui donner une forme élégante, les mains d'habiles sculpteurs l'embellirent par divers ornemens.

La fig. 2, tab. I, nous représente une lyre à trois cornes, qui fut en usage à *Lilybie* (1). Sa forme est si différente de celle de Mercure, qu'elle ne permet pas d'en faire aucune comparaison. La fig. 3 est une lyre à quatre cordes, qui est copiée d'après une médaille de *Lapide* (2), en Thessalie, où elle étoit fort en usage. Que l'on compare cette lyre avec celle, fig. 4, que nous avons fait copier d'après une médaille frappée en l'honneur d'Alexandre, quelle différence ne trouvera-t-on pas dans la forme !

La fig. 5 est un *penthacorde*, ou lyre à cinq cordes, copié d'après une médaille de *Rhegium*, en Italie (3). La fig. 6 est un *hexacorde*, ou lyre

---

(1) Ville grecque située au nord du promontoire ou cap *di Boco*, dans l'île de Sicile. Suivant l'opinion de Polybe, la distance de cette ville jusqu'au rivage de Carthage étoit de mille stades. Cet auteur nous raconte, à cette occasion, qu'un sicilien, nommé Strabo, avoit une si bonne vue, que du cap de Lilybie il distinguoit la qualité et comptoit le nombre des vaisseaux qui sortoient du port de Carthage.

(2) Peuple ancien de Thessalie, qui habitoit l'Olympe et la riante plaine au bord du Penée.

(3) Dans la Calabre ultérieure : elle est située à l'extrémité de l'Apenin sur le Phare de Messine, qui étoit le pays le plus fertile et le plus beau de l'univers. Le tremble-

à six cordes, copié d'après une médaille de *Mytilène*, dans l'île de Lesbos : cette lyre date de l'époque la plus brillante de la Grèce ; elle est remarquable par les deux chevalets qui portent les cordes, et par l'espèce d'agrafe, fig. a, qui servoit probablement à la tenir avec plus de grâce. Dans l'Ionie, l'*hexacorde* avoit aussi deux chevalets, mais sans agrafe. (*Voyez* fig. 7.) La fig. 8 est un *heptacorde*, ou lyre à sept cordes ; il est copié d'après une médaille de *Chalcis*, ville capitale de l'île d'Eubæa, dans la Mer Égée. Sa forme élégante et ses ornemens la distinguent de la lyre précédente. La fig. 9 est un *heptacorde* qui étoit en usage dans Lemnos.

Lorsque, dans la suite de cet ouvrage, nous parlerons du système des Grecs, nous expliquerons l'emploi de ces différentes espèces de lyres : jusques-là reprenons le fil de nos observations sur l'Histoire de la Musique, et sur les écrits des auteurs anciens.

Boëce rapporte que les cordes de la lyre d'Orphée étoient montées dans les tons *mi-la*, *si-mi*, et avoient une étendue de deux tétracordes. Mais en examinant les proportions qui se trouvent dans

---

ment de terre de l'an 1783 a entièrement détruit cette ville antique ; toute la campagne n'offre aujourd'hui que le triste tableau de la dévastation.

ces deux tétracordes, *mi-la*, *si-mi*, il est bien aisé de s'apercevoir que Boëce s'est trompé. Nous trouvons de la première à la seconde corde, une *quarte;* de la troisième à la quatrième, une *quarte;* de la première à la troisième, une *quinte;* et de la seconde à la quatrième, encore une *quinte*. Voilà des proportions et des intervalles qui, à coup sûr, étoient encore inconnus à Orphée, et qui, par conséquent, ne pouvoient point se trouver dans son système. C'est au génie créateur de Pythagore, qui vivoit vers la soixante-deuxième olympiade, où 530 ans avant l'ère vulgaire, que nous devons la découverte et les premières connoissances des proportions arithmétiques et harmoniques des sons, des intervalles, etc. *Nicomaque* et d'autres auteurs anciens ont plus de vérité que Boëce ; ils attestent que, pendant plusieurs siècles, la lyre n'a été formée que d'un seul tétracorde, composé de quatre cordes : *mi*, *fa*, *sol*, *la*.

Nous avons remarqué plus haut qu'Orphée et ses successeurs avoient composé une infinité d'hymnes consacrés à leurs divinités ; que ces hymnes n'avoient et ne pouvoient avoir que la modulation immuable dans le tétracorde de la lyre; par conséquent, avec l'adoption d'un nouvel hymne, le système imparfait d'Orphée se trouvoit chaque fois sanctionné de nouveau. Les juges et censeurs, n'obéissant qu'aux lois primitives de leur civilisation, rejetèrent, dans les siècles suivans, toute composition musicale dont le chant leur parut s'éloigner en la moindre chose de l'ancien système des quatre notes de la lyre.

Les chefs de la nation, *rois* ou *éphores*, ne devoient être très-sévères et très-circonspects que dans l'acceptation d'un hymne composé pour le culte d'une de leurs divinités : car si le poëte s'étoit écarté du système d'Orphée, en voulant donner à son chant et à sa modulation plus de mélodie ou d'expression, ils craignoient, avec raison, que ce nouveau chant une fois adopté, ne finît par décréditer et rendre ridicules leurs anciens cantiques, qui renfermoient les principes de leur religion, l'apologie de leurs dieux, et les bases de leur civilisation.

Platon, ainsi que Cicéron, connoissant tous les deux l'emploi trop étendu que leurs ancêtres avoient fait de la musique-pratique, et redoutant les suites dangereuses auxquelles l'Etat seroit exposé en dérogeant à l'ancien système, ne se lassoient pas de répéter, que *toute nouveauté introduite dans le chant seroit suivie d'un changement dans l'État; et que l'on ne sauroit toucher aux antiques lois de la musique, sans toucher à celles du gouvernement.*

Ceci nous explique clairement la crainte que les rois ou éphores devoient avoir qu'il ne s'introduisît quelques innovations dans le système reçu: elles eussent été d'autant plus dangereuses, qu'elles auroient supposé dans leur auteur l'intention criminelle de vouloir bouleverser le système politique, civil et religieux de la Grèce.

Qu'on juge alors de la témérité de ceux des novateurs qui ne furent point arrêtés par cette crainte. Suivant quelques historiens de l'antiquité, ce fut *Corœbe* qui ajouta une cinquième corde à sa lyre. Le phrygien *Hiagnis* la monta de six cordes; et, en l'an du monde 3328 (1), 674 ans avant notre ère, *Terpandre*, de Lesbie, ajouta

---

(1) Beaucoup d'auteurs ont fixé l'époque de l'invention de Terpandre, en l'an 3274, ou 730 ans avant l'ère chrétienne. Cette erreur est parfaitement bien approfondie et corrigée dans les Mémoires de l'Académie des Inscriptions et Belles Lettres. Terpandre fut le premier qui gagna le prix de la musique aux fêtes carnées, instituées dans la vingt-sixième olympiade, ou l'an 676 avant l'ère chrétienne. (*Voyez* Athénée). Les marbres d'Arondel confirment cette supputation. Ils comptent un intervalle de 381 ans entre l'affaire que suscita à Terpandre son nouveau système, et la dernière époque qui se termine, suivant Lydiat, en l'an 293 avant J.-C., ce qui fixe l'invention de Terpandre en l'an 674. Ces preuves l'emportent sur Eusèbe, qui place Terpandre dans la trente-troisième olympiade; et sur Plutarque, Elien et Hieronymus de Rhodes, qui le font beaucoup plus vieux, et veulent le rendre contemporain de Lycurgue, et plus ancien qu'Archiloque, etc.

encore une septième corde; mais les éphores l'en punirent par l'exil, en le traitant de sacrilége (1).

Pour bien faire remarquer l'extension progressive du *système* de la musique, nous commencerons par faire connoissance avec l'*heptacorde*, ou le *nouveau système de Terpandre*.

			Noms des cordes.		
			Nète	} ton	mi
		Tétracorde aigu.	Paranète.		re
Octave, ou distance de cinq tons et de deux demi-tons.	Quinte composée de trois tons et demi.			} ton	
	Quarte composée de deux tons et demi.		Paramèse.		ut
				} ton et demi	la
			Mèse.		
				} ton	sol
		Tétracorde grave.	Lichanos.		fa
				} ton	
			Parhypate.		
				} demi-ton	Mi
			Hypate.		

―――――――――――――

(1) *Voyez* Plutarque, *in Laconicis institutis*.

Pline raconte qu'en l'an 3456, ou 548 ans avant l'ère chrétienne, *Simonide*, fameux poëte et musicien, avoit ajouté au système une huitième corde: mais nous sommes autorisés à croire que Pline s'est trompé; car Nicomaque nous atteste que ce fut Pythagore qui, le premier, plaça un huitième ton entre la *mèse* et la *paramèse*; que ce nouveau ton fut nommé *paramèse*, et que l'ancienne *paramèse* reçut le nom de *trite*. Ce nouveau système fut même nommé, d'après son inventeur, *octocorde de Pythagore*; ce qui seul pourroit suffire pour démontrer l'erreur de Pline. Voici sa forme.

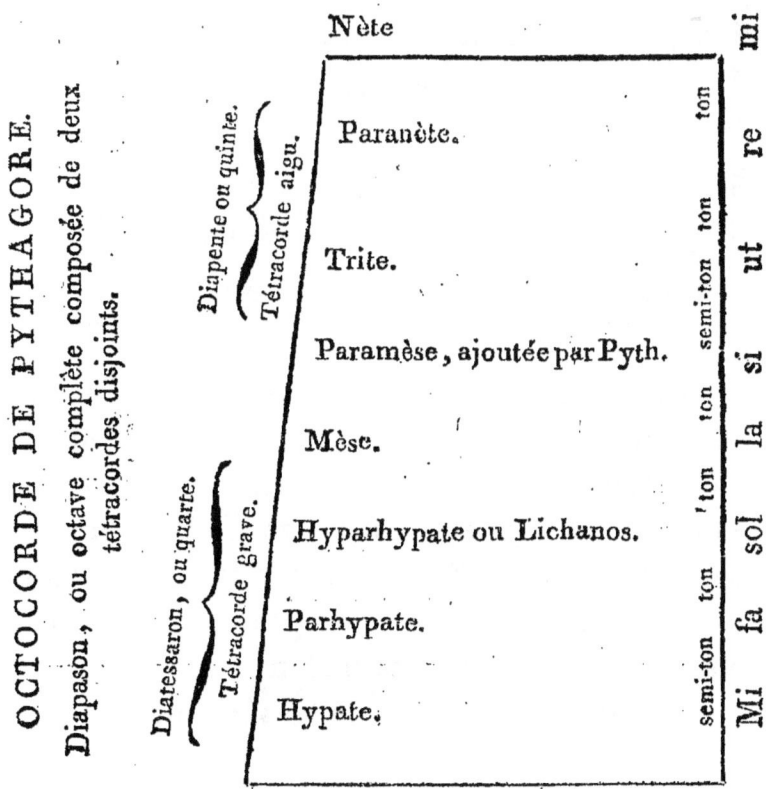

D'après cette exposition, il se peut que Simonide ait inventé une neuvième corde au-dessus de la *Nète*. Ensuite *Profraste Périote* ajouta encore une dixième corde, et créa un système composé de trois tétracords conjoints.

3ᵉ. Tétracorde.	Nète syn................	re.
	Paranète synem..........	ut.
	Trite synemmenon........	si, *b mol.*
	Mèse...................	la.
2ᵉ. Tétracorde.	Lichanos meson..........	sol.
	Parypate meson..........	fa.
	Hypate meson...........	mi.
1ᵉʳ. Tétracorde.	Lichanos hypaton........	re.
	Parhypate hypaton.......	ut.
	Hypate hypaton.........	♮ si.

Dans la quatre-vingt-quinzième olympiade, l'an 396 avant l'ère chrétienne, *Timothée* de Milet, ville de l'Ionie, ou de l'Attique, inventa un système de onze cordes, et eut le courage d'aller à Sparte, accompagner ses poësies avec une lyre de sa création. Les Lacédémoniens, craignant que leur jeunesse ne prît du goût pour une musique aussi étendue, et que leur cœur ne se laissât amollir, condamnèrent Timothée à arracher lui-même ses nouvelles cordes, confisquèrent ensuite son instrument, et finirent par le bannir lui-même.

Voici le système de onze cordes.

3ᵉ. Tétracorde disjoint.	Nète diezeugmenon........	mi.
	Paranète diezeugmenon....	re.
	Trite diezeugmenon.......	ut.
	Paramèse................	♮ si.
2ᵉ. Tétracorde conjoint.	Mèse....................	la.
	Lichanos meson..........	sol.
	Parypate meson..........	fa.
	Hypate meson............	mi.
1ᵉʳ. Tétracorde conjoint.	Lichanos hypaton.........	re.
	Parypate hypaton.........	ut.
	Hypate hypaton..........	♮ si.

L'on seroit porté à croire, d'après la manière dont on avoit traité Terpandre et Timothée, qu'ils serviroient d'exemple aux autres innovateurs, et que l'ancien système ne seroit plus altéré : cependant il n'en fut point ainsi. Cette querelle des chefs de la nation avec les poëtes étoit celle de la philosophie et de la religion éclairées contre les dogmes antiques et absurdes. Cette lutte ne pouvoit finir qu'avec l'anéantissement d'un des deux partis.

Celui des prêtres succomba, parce que la Grèce ne reconnoissoit pas une religion dominante, et que les dieux adorés dans telle province, étoient méconnus, pour ne pas dire méprisés, dans telle autre, comme nous l'avons dit plus haut. Il résultoit même de cette diversité de culte, que les prêtres n'avoient et ne pouvoient avoir ni les mêmes considérations, ni les mêmes principes, ni les mêmes connoissances (1), et que les poëtes et les musiciens devoient profiter de cette mésintelligence pour éclairer leurs contemporains, et préparer enfin le triomphe de la raison.

Jusqu'alors on n'avoit agrandi le système qu'en ajoutant des cordes au *grave*; les successeurs de Timothée essayèrent d'en faire autant dans le

---

(1) M. de Sainte-Croix observe parfaitement bien dans ses Recherches historiques sur les mystères du paganisme, que les prêtres n'étoient pas tous également instruits dans les dogmes secrets, et que l'on faisoit un choix parmi eux; les plus dignes par leur naissance et leur éducation, par leur intelligence et leur savoir, étoient les seuls dépositaires de la doctrine mystérieuse. Partagés en plusieurs classes et attachés à différentes fonctions, ils ne participoient pas tous aux mêmes mystères. On peut dire que les prêtres du dernier ordre n'en connoissoient, pour ainsi dire, que l'écorce. Leur rang dans les cérémonies, les figures de divinités et les instrumens qu'ils portoient, enfin leur costume, étoient peut-être les seules choses dont ils n'ignoroient pas l'usage allégorique.

haut. Ils ajoutèrent au système de dix cordes un nouveau tétracorde disjoint, et au système de onze cordes, un nouveau tétracorde conjoint; et au grave de chacun de ces deux systèmes, ils ajoutèrent encore une corde, appelée *proslambranomenos*, qui forma l'octave de la mèse. C'est ainsi que l'on inventa deux nouveaux systèmes de quinze cordes, ou de l'étendue de deux octaves.

Ier. Système.	IIe. Système.
15. Nète hyperbolæon. la.	15. Nète hyperbolæon. la.
14. Paranète hyperb... sol.	14. Paranète hyperb.. sol.
13. Trite hyperbolæon. fa.	13. Trite hyperbolæon. fa.
12. Nète diezeugmenon mi.	12. Nète diezeug..... mi.
11. Nète Synemmenon. re.	11. Paranète diezeug... re.
10. Paranète syn...... ut.	10. Trite diezeugmenon. ut.
9. Trite synemmenon. ♭ si.	9. Paramèse..... ♮ si.
8. Mèse........... la.	8. Mèse........ la.
7. Lichanos meson.. sol.	7. Lichanos meson... sol.
6. Parypate meson... fa.	6. Parypate meson... fa.
5. Hypate meson.... mi.	5. Hypate meson.... mi.
4. Lichanos hypaton. re.	4. Lichanos hypaton.. re.
3. Parypate hypaton.. ut.	3. Parypate hypaton.. ut.
2. Hypate hypaton... si.	2. Hypate hypaton... si.
1. Proslambanomenos. A. la.	1. Proslambanomenos. A. la.

Nous observerons que, dans ces deux systèmes, la différence essentielle n'est qu'un *si* bémol, qui se trouve au neuvième degré de l'un, où, dans l'autre, se trouve un *si* naturel. Ces deux systèmes ne contenoient donc effectivement que *seize* tons différens ; cependant les Grecs eurent l'art d'en compter *dix-huit*, en divisant ces deux systèmes réunis en *cinq tétracordes*, dont ils formoient leur soi-disant *grand système*.

GRAND SYSTÈME.

18. Nète hyperb. . . . . la.
17. Paranète hyper. ou hyper. diatonos. sol.
16. Trite hyperbolæon. . . . . fa.
15. Nète diezeugmenon. . . . . mi.
14. Paranète diez. ou diez. diatonos . re.
13. Trite diezeugmenon. . . . . . . ut.
12. Paramèse . . . . ♮ si.

11. Nète syn. . . . . re.
10. Paranète syn. ou syn. diatonos . . . ut.
9. Trite synemmenon. . . . . ♭ si.
8. Mèse . . . . la.
7. Lichanos mes. ou meson diatonos. . sol.
6. Parypate meson. . . . . fa.
5. Hypate meson. . . . . mi.

4. Lichanos hyp. ou hyp. diatonos. . re.
3. Parypate hypaton . . . . ut.
2. Hypate hypaton . . . . si.
1. Proslambanomenos. . . . . la.

Le grand système en notes modernes.

Dans la suite, les musiciens grecs ne se contentèrent plus de leur grand système : la progression des demi tons, *la-*♭*si*, ♮ *si*, *ut*, leur donna l'idée de diviser le second ton de chaque tétracorde, et d'en faire *deux demi-tons;* par ce moyen ils portèrent les nombres des cordes de leur système jusqu'à *vingt-trois.* En voici l'exemple.

23. Nète hyperb.	la.	⎫
22. Paranète hyp. diatonos	sol.	⎪
21. Paranète hyper. cromatice	✶ fa − ♭sol.	⎬
20. Trite hyperbolæon	fa.	⎪
19. Nète diezeug.	mi.	⎭
18. Paranète diez. diatonos	re.	⎧
17. Paranète diez. cromati	✶ ut − ♯re.	⎨
16. Trite diezeugmenon	ut.	⎪
15. Paramèse	si.	⎩
14. Nète synemmenon	re.	⎫
13. Paranète syn. diatonos	ut.	⎪
12. Paranète syn. cromatice	♮ si − ♭ut.	⎬
11. Trite synemmenon	♭si.	⎪
10. Mèse	la.	⎭
9. Lichanos meson diatonos	♮ sol.	⎧
8. Lichanos meson cromatic	✶ fa − ♭sol.	⎨
7. Parypate meson	fa.	⎪
6. Hypate meson	mi.	⎩
5. Lichanos hypate diatonos	re natur.	⎫
4. Lichanos hyp. cromatice	✶ ut ou re bémol.	⎬
3. Parypate hypaton	ut.	⎪
2. Hypate hypaton	si.	⎭
1. Proslambanomenos	A ou la.	

Après avoir divisé le second degré de chaque tétracorde en deux demi-tons, on auroit dû s'attendre que les musiciens grecs auroient fait la même opération avec le troisième degré de chaque tétracorde, qui pouvoit de même être divisé en deux demi-tons; mais point du tout: ils conçurent la folle idée de partager le premier degré d'un demi-ton de chaque tétracorde, en *deux quarts de tons*, pour se créer *un genre enharmonique*, dont ils n'ont jamais connu le véritable emploi (1). Les tons enharmoniques de chaque tétracorde étoient, dans le premier, le *si* ☀; dans le second, le *mi* ☀; dans le troisième, le *la* ☀; dans le quatrième, le *si* , et dans le cinquième, le *mi* ☀. — Ces cinq tons enharmoniques, joints aux vingt-trois précédens, leur forma un nouveau système de vingt-huit cordes, composé du genre *diatonique, cromatique* et *enharmonique*.

Depuis l'invention du genre cromatique, on ne pouvoit plus compter par *tétracordes*, puisque la distance d'une quarte étoit remplie par *cinq* tons différens, que l'on nommoit alors les divisions du système *pentacorde*, ou *pentachorde*, ce qui signifie une suite de cinq tons: l'on fut de même

---

(1) Malgré que tous les auteurs grecs parlent sans cesse de systèmes cromatiques et enharmoniques, ils avouent que ces deux genres ont été fort peu employés, et que la mélodie (mélopée) fut presque toujours composée dans le genre diatonique. Le choix de ce genre pour la composition du chant, prouve du moins que les poëtes et musiciens grecs étoient guidés par le goût et par le bons sens. (*Voyez* Aristoxène, Aristide, etc.)

obligé, après l'invention du genre *enharmonique*, de diviser le système par *hexacorde*, ou *hexa chorde*, parce qu'il se trouva alors dans la distance de chaque ancien tétracorde six tons différens. — Voyons l'exemple.

28. Nète hyperb.	la.
27. Paranète hyperb. diaton	sol.
26. Paranète hyberb. cromat.	✶fa—♭sol.
25. Paranète hyperb. enharm.	fa.
24. Trite hyperbolæon	✶mi—♭fa.
23. Nète diezeugmenon	mi.
22. Paranète diez. diat.	re.
21. Paranète diez. crom.	✶ut—♭re.
20. Paranète diez. enharm.	ut.
19. Trite diezeugmenon	✶si—♭ut.
18. Paramèse	si.
17. Nète synemmenon	re.
16. Paranète synem. diat.	ut.
15. Paranète synem. crom.	♮si—♭ut.
14. Paranète synem. enharm.	♭si.
13. Trite synemmenon	✶la—♭♭si
12. Mèse	la.
11. Lichanos meson diat.	sol.
10. Lichanos meson crom.	✶fa—♭sol.
9. Lichanos meson enharm.	fa.
8. Parypate meson	✶mi—♭fa.
7. Hypate meson	mi.
6. Lichanos hypaton diatonos	re.
5. Lichanos hyp. crom.	✶ut—♭re.
4. Lichanos hypaton enharmonios . . .	ut.
3. Parypate hypaton	si—♭ut.
2. Hypate hypaton	si.
1. Proslambanomenos	A. la.

Il est aisé de voir que la dénomination de ce système est extrêmement fautive. En partageant l'intervalle d'un demi-ton, p. ex. : *hypate si — parypate ut*, ne valoit-il pas mieux nommer le nouveau ton enharmonique tout simplement *parypate enharmonique*, au lieu de déranger l'ordre des tétracordes et des pentacordes, et de faire dériver sa dénomination d'une note étrangère, du *lichanos*? Voilà ce qu'on peut appeler augmenter bien inutilement les difficultés.

Toutes ces nouvelles inventions dans la musique firent tomber dans un discrédit absolu les hymnes et cantiques composés dans le système de quatre cordes : elles ne furent pas également funestes au culte, et à la simplicité des mœurs que ce même culte avoit si long-temps entretenue; mais elles ouvrirent un champ vaste à la philosophie et aux sciences en général. La musique, la poésie, la rhétorique, les mathématiques, etc., devinrent des sciences indépendantes, tandis que, sous le joug de la religion, elles n'avoient été considérées que comme faisant partie de la musique.

Que l'on juge, d'après cela, combien les prêtres et les chefs de la nation avoient raison de craindre les changemens qui pourroient survenir dans la musique. Cependant c'est à tort que l'on a prétendu que l'époque du système de Pythagore avoit été le signal de la démoralisation du peuple : elle ne se manifesta que lorsque les théâtres furent établis, et que la comédie fut associée aux fêtes publiques.

En effet, dès ce moment, la danse et la poésie ne faisant plus parties intégrantes de la musique, chacun de ces arts fut enseigné séparément. Le peuple, toujours séduit par la nouveauté, prit goût pour les spectacles, et y trouva infiniment plus de charmes que dans les anciennes fêtes religieuses, dont le culte étoit toujours uniforme, le chant invariable et monotone. Bientôt les Grecs se permirent de raisonner sur les mystères et les objets du culte; mais ce ne fut que quelques siècles plus tard qu'ils jouirent de la liberté indéfinie de penser, et cette liberté fut bientôt suivie de leur décadence.

Si leur système de musique resta toujours imparfait et borné, leurs connoissances dans l'harmonie et dans la composition n'ont pu être portées à un plus haut degré, parce que le *rite* et les principes de leur religion primitive ont constamment opposé une barrière insurmontable à toute perfection. La preuve de cette vérité se trouve dans ce que nous avons dit plus haut : que, chez les peuples de la Grèce, la personnalité des dieux, le nombre des fêtes religieuses, et le mode de les célébrer, étoit tout à fait différent. Cependant il y avoit un point capital qu'ils observoient rigoureusement ; c'étoit le choix et la détermination des tons, ou des toniques, dans lesquels chaque nation exécutoit ses hymnes et ses danses religieuses; c'est pour cette raison que tel peuple chantoit ses cantiques dans le ton d'*ut*, quand tel autre chantoit les siens dans le ton de *re*, ou de *mi*, etc.

Nous avons de même déjà remarqué que, dans les premiers siècles, la Grèce n'offroit que trois peuples principaux qui avoient donné un caractère différent à leur musique; c'étoient les *Eoliens*, les *Ioniens* et les *Doriens* (1). Les réformateurs, ou les chefs primitifs des Eoliens, avoient adopté le ton de *la*. Héraclide du Pont dit (2) que le caractère du mode éolien étoit majestueux et fier, sans cesser d'être léger et agréable; qu'il réunissoit la franchise à l'élévation et à la hardiesse : il croit que c'étoit par l'influence de cette tonique que les Eoliens étoient particulièrement adonnés au vin, à l'amour (3) et aux plaisirs sensuels.

---

(1) Plutarque s'est trompé d'une manière inconcevable, en disant que l'ancienne musique ne connoissoit que trois modes, ou toniques, le dorien, le phrygien, et le lydien; qu'avec l'extension du système on avoit créé de nouvelles cordes, et que pour lors le nombre des toniques avoit été augmenté par l'ionienne, l'éolienne, et ensuite encore par la mixolydienne.

(2) *Voyez* Athénée.

(3) Dans la description des instrumens à vent, nous avons

Les Ioniens avoient choisi le ton d'*ut*, persuadés que cette tonique étoit la seule qui pût exprimer les sentimens gracieux de leur poésie. Les Doriens prétendoient que le ton de *re* produisoit cet effet majestueux et guerrier, qui convenoit à l'originalité de leurs hymnes.

La tonique, ou le mode *lydien*, et le mode *phrygien* ne furent connus que lorsque les Lydiens et les Phrygiens vinrent s'établir dans le Péloponnèse : ce furent eux qui enrichirent la musique des Grecs de ces deux nouveaux modes. Les Phrygiens chantoient leurs cantiques, où régnoit une expression d'enthousiasme et d'inspiration, dans la tonique de *mi*; et le caractère doux et sensible des Lydiens leur avoit fait adopter la tonique de *fa*.

C'est vers l'an 3300, ou 704 ans avant l'ère chrétienne, qu'on inventa la tonique *mixolydienne*. Ce fut en faveur de *Sapho*, qui, voulant chanter ses poésies en concours public, trouva le ton lydien trop bas, et le ton éolien trop haut.

---

déjà observé combien les auteurs grecs étoient dans l'erreur d'attribuer à la tonique seule des qualités et des effets. Voilà ce qui nous sauve de la nécessité de combattre ici de nouveau les phrases emphatiques et fausses d'Héraclide du Pont. La musique grecque n'a jamais été en état d'opérer de grands effets sans la poésie ; c'étoit la poésie seule qui lui donnoit de l'ame et de l'expression.

L'on créa donc une nouvelle tonique intermédiaire, qu'on appela mixolydienne, et qui répond à notre ton de *sol*.

Le chapitre des toniques fut toujours une pomme de discorde entre les musiciens grecs; et la grande question : « Si la tonique dorienne étoit éloignée » de la phrygienne d'un ton, d'un demi-ton, ou » d'un quart de ton, » est restée indécise. Il en est de même des autres toniques (1). Les citharèdes plus sages s'en sont moqués; et Aristoxène persifla les musiciens, en comparant leurs diverses opinions sur ce sujet, aux différentes ma-

---

(1) Burette, dans sa deux cent quarante-huitième remarque sur le Traité de Plutarque, dit, que les modes se suivoient immédiatement à un demi-ton de distance l'un de l'autre, etc. Il est étonnant que M. Burette n'ait pas craint de trop s'avancer, en voulant fixer une incertitude qui, pour les Grecs eux-mêmes, a toujours été un objet de contradiction. Les peuples de la Grèce avoient, chacun en particulier, choisi une tonique dans laquelle ils chantoient leurs hymnes; mais les philosophes et les musiciens grecs n'ont jamais réussi à classer ces toniques de manière à en former une gamme semblable à la nôtre, dans laquelle chaque ton ou tonique se trouvât à un demi-ton de distance l'un de l'autre. Lorsque les philosophes et les plus grands musiciens de la Grèce n'ont pu s'accorder sur cet article, il nous semble que les auteurs modernes feroient mieux de ne pas s'éloigner des limites de la conjecture, et de ne pas se permettre des assertions décisives.

nières de compter les jours d'un mois. L'on sait que lorsque les Athéniens étoient au cinquième jour, les Corinthiens en comptoient le dixième; d'autres peuples le sixième, le huitième, etc. Nous croyons de bonne foi que les auteurs modernes auroient grand tort de se disputer sur le chapitre des toniques grecques; c'est pourquoi nous n'en parlerons pas davantage.

Les musiciens et les poëtes n'étoient pas moins en contradiction sur la manière d'enseigner la musique; ce ne fut qu'après bien des siècles de disputes entre les différentes sectes, qu'*Aristide Quintilien* en fit un tableau assez parfait pour son temps : il divisa la musique en *théorie* et en *pratique;* la théorie se subdivisa en *naturelle* et en *artificielle.*

La *naturelle* enseignoit :
1°. La *partie arithmétique;*
2°. La *partie physique.*

L'*artificielle* enseignoit :
1°. L'*harmonie;*
2°. Le *rhythme;*
3°. Le *mètre.*

La *pratique* étoit subdivisée par rapport à sa composition poétique ou musicale, et par rapport à son exécution.

La première enseignoit :
1°. La *mélopée;*

2°. La *rhythmopée*;
3°. La *poésie*.

La seconde, ou la partie exécutive, enseignoit :
1°. L'*organique*, c'est-à-dire, la partie instrumentale;
2°. L'*odique*, ou la partie vocale;
3°. L'*hypocritique*, qui apprenoit aux chanteurs à faire des gestes et des figures convenables aux paroles.

La partie arithmétique et physique de la musique nous est connue. La partie harmonique fut subdivisée en *sept* parties : 1°. les *sons*; 2°. les *intervalles*; 3° le *système* (1); 4°. les *genres* diatonique, chromatique et enharmonique; 5°. la *mu*-

---

(1) Nous savons que les Grecs aimoient beaucoup les subdivisions des parties principales, et voilà ce qui les entraînoit toujours dans de fausses dénominations : ils enseignoient le système (*a*) par rapport à son extension : pour connoître la différence qui se trouve dans l'étendue du système simple et du système double, (*b*) par rapport aux genres; ils avoient des systèmes diatoniques, des systèmes chromatiques et des systèmes enharmoniques; mais qu'est-ce que les genres ont de commun avec le système ? (*c*) par rapport aux effets dissonans et consonans. Ils avoient donc des systèmes dissonans et des sytèmes consonans. Il faut avouer que les Grecs employoient le mot système à tort et à travers; ici il est employé en place du mot intervalle; (*d*) par rapport aux proportions des intervalles; (*e*) par rapport à leur progression. Ces deux subdivisions regardent l'article

tation, ou le changement [métabole] (1); 6°. les *toniques* et *modes*; et 7°. la *mélopée*.

Les notions des Grecs, relativement aux *rations* et aux *proportions mathématiques* des intervalles, et même relativement à la division de ces intervalles en consonnances et en dissonances, étoient extrêmement fautives et de très-peu d'étendue. Pythagore fut le premier qui s'occupa de la théorie de la musique; ce fut lui qui fixa les proportions arithmétiques de chaque intervalle de son système. Mais combien ces proportions étoient différentes des proportions modernes! Pythagore, en déterminant celles d'un intervalle, ne consultoit

---

des intervalles, et non celui du système; (*f*) par rapport aux tétracords simples et aux tétracords conjoints.

(1) Les Grecs étoient dans l'usage de ne composer que dans le tétracorde simple, ou dans le tétracorde mixte. La composition simple se faisoit (*a*) dans le tétracorde diatonique, ou (*b*) dans le tétracorde chromatique, ou (*c*) dans le tétracorde enharmonique; mais la composition du tétracorde mixte se fit dans le diatonique-chromatique, comme *si, ut,* ✳ *ut, re, mi;* — dans le chromatique enharmonique, comme *si, si* ✳, *ut* ✳, *ut, mi;* — et dans le diatonique chromatique enharmonique, comme *si,* ✳ *si, ut,* ✳ *ut, re, mi.* Voilà ce que les Grecs appeloient *métabole*, (relatif au genre): elle s'appliquoit aussi aux systèmes, en passant d'un tétracorde simple dans un tétracorde conjoint; et même aux modes, en passant du mode dorien au mode phrygien, etc.

jamais son oreille : chez lui, les signes avoient la préférence sur le sentiment, et la *tierce*, la *sixte*, etc., se trouvoient au rang des dissonances. Cependant nous ne pouvons nous dispenser d'honorer sa mémoire, pour avoir ouvert la carrière aux entreprises scientifiques des siècles succédans. Les proportions de Pythagore eurent bientôt des censeurs. *Aristoxène*, ce fameux antagoniste de la secte pythagoricienne, mit en principe que l'oreille étoit mieux en état de juger des proportions des tons, que ne l'étoit le calcul : en conséquence, il se forma un nouveau système, qui différoit dans les rations et dans les proportions des intervalles; mais son oreille n'étoit pas mieux organisée que celle de Pythagore, car il déclara aussi les tierces et les sixtes comme dissonances. *Aristide Quintilien* et *Euclide* adoptèrent le système d'Aristoxène, et enseignèrent d'après les mêmes principes. Ce ne fut que peu de siècles avant l'ère vulgaire que *Didyme* et *Ptolomée* parvinrent enfin à perfectionner les tierces; ils donnèrent à la tierce majeure la ration de $5:4$, et à la tierce mineure, $6:5$; cependant ces hommes n'eurent pas assez de courage pour classer ces intervalles parmi les consonnances.

Ainsi donc, dans le siècle où les Grecs se vantoient de posséder les connoissances les plus étendues dans la musique, ils ne reconnoissoient pour consonnances que le *ton*, ou la tonique, la *quarte*, la *quinte* et l'*octave*; mais la *tierce* majeure et la *tierce* mineure, sans lesquelles il n'est plus possible de fixer et déterminer une tonique, de même la *sixte*, la *décime*, etc., tous ces intervalles se trouvoient rangés parmi les dissonances. Que l'on compare, d'après cela, les principes des anciens avec les nôtres, et que l'on juge quels sont ceux chez lesquels la musique a été portée au plus haut degré de perfection.

Chez les Grecs, le mot *harmonie* ne signifioit pas la haute science de la musique, ou la création et la combinaison savante d'une suite d'accords: les anciens en avoient une opinion toute différente. Ptolomée l'explique, en disant que c'est « *la facilité* » *et le moyen de sentir les qualités et les propor-* » *tions des sons sur leurs différens degrés* ». Euclide l'appelle « *La science qui enseigne la nature des* » *sons propres à être employés dans l'exécution* ». Aristote, élève de Platon, divisa l'harmonie en quatre parties, qui forment entre elles deux milieux, l'un arithmétique, et l'autre harmonique; et il disoit que « *ces parties, leur grandeur, et* » *l'excès dont l'une surpasse l'autre, ou en est* » *surpassée, s'expriment par des nombres qui* » *ont une égalité de mesure* ». Pour être en état de comprendre les expressions obscures d'Aristote, il faut savoir qu'il prend le mot harmonie dans le sens de *la proportion des sons d'une octave divisée en quatre parties.* La division même s'en faisoit ainsi : la première partie alloit de *l'hypate à la mèse*, ou de la tonique à sa quarte, *mi-la* (1). La seconde partie, de *l'hypate à la paramèse*, ou de la tonique à sa quinte, *mi-si*. La troisième, de la *mèse à la paramèse*, ou de la quarte à la quinte, *la-si*. Et la quatrième partie alloit de *l'hypate à la nète*, ou de la tonique à son octave, *mi-mi*.

D'autres auteurs anciens confondoient le mot harmonie avec le mot tonique, et ils disoient toujours l'*harmonie dorienne*, l'*harmonie phrygienne*, etc.; au lieu de dire : la *tonique* dorienne, la *tonique* phrygienne. Nous lisons dans *Lucien*, que chaque espèce d'harmonie doit garder son propre caractère; la phrygienne, son enthousiasme; la lydienne, son ton bachique; la dorienne, sa gravité; et la ionienne, sa gaieté. Toutes ces espèces d'harmonie ne sont autre chose, aux yeux des compositeurs modernes, que les divers genres de mélodie composés dans ces quatre toniques. Plutarque nous raconte que Platon avoit rejeté les deux harmonies, la mixolydienne et la ionienne;

---

(1) Il nous faut remarquer qu'Aristote explique ici l'harmonie ou sa division de l'octave, d'après l'octocorde de Pythagore, qui commençoit par le ton de *mi*. *Voyez* l'article du système.

l'une, pour être trop aiguë et plaintive ; l'autre, pour être trop molle et efféminée ; et qu'il avoit fait choix de la dorienne, comme la plus convenable à des hommes courageux. Aristoxène observe que, dans ces deux harmonies, il se trouvoit bien des choses utiles au maintien du gouvernement ; mais qu'il donnoit la préférence à l'harmonie dorienne. Voilà donc le mot harmonie employé toujours à la place du mot tonique.

Il y avoit aussi des philosophes qui regardoient les nouveaux modes, provenus de l'extension du système et qu'ils appeloient aussi harmonies, comme des modes ou toniques vicieux, et comme la seule cause de l'immoralité. *Car*, disoient-ils, *depuis ces innovations, la sage retenue de nos poëtes et de nos musiciens s'est changée en mollesse, et a dégénéré en effronterie licencieuse.*

Lorsque des auteurs grecs disent qu'*un chœur avoit été exécuté par quatre, six, douze, quinze parties*, il faut bien se garder de donner à cette expression un sens relatif à l'harmonie et aux différentes parties d'une composition ; car elle n'a rapport qu'au nombre de personnes qui exécutoient un chœur. Il est suffisamment prouvé par les recherches des critiques modernes, qu'en Grèce les femmes et les jeunes gens chantoient la même mélodie, une octave plus haut que les hommes. Dans ce genre d'exécution se trouve bien une différence de proportions, comme 2 : 4; mais il n'offre point du tout cette combinaison de différentes parties de composition, qui produit des accords variés et une harmonie savante.

Le mot harmonie fut encore généralement employé pour indiquer l'union intime d'une exécution vocale, accompagnée du plectre ou de l'onglet; de même l'aplomb du danseur avec la flûte, et souvent pour exprimer le parfait ensemble qui régnoit entre les différens personnages qui composoient le chœur. Lorsque le chanteur se trouvoit d'accord avec les sons de la lyre ou de la cithare, et le danseur avec le rhythme de la flûte; lorsque les chœurs observoient exactement la mesure, frappée par le maître de musique, les Grecs disoient, dans leur admiration, que c'étoit une *harmonie parfaite*.

Aristote, dans son livre du Monde, dit : La musique mêlant ensemble des sons aigus et des graves, des sons qui durent et des autres rapides, forme de ces différentes voix (sons) *une seule harmonie;* (au lieu de dire : *forme une mélodie.*) Aristoxène fit la même faute, en donnant le titre d'*Élémens de l'harmonie* à un ouvrage qui ne traite absolument que de mélodie, ou du chant des hymnes. Euclide écrivit sur le même sujet un livre, auquel il donna pour titre : *Introduction à l'har-*

monie. Il en est de même des *Harmoniques de Ptolomée*.

Le mot *rhythme* fut presque toujours employé abusivement, tantôt pour mesure, tantôt pour mouvement, tantôt pour cadence. Cependant il n'est pas difficile de le rapporter à sa véritable acception, surtout en fait de chant et de danse. C'est par la manière d'expliquer le rhythme que les auteurs anciens en ont imposé à la crédulité des modernes, qui, surpris par leurs idées métaphysiques, transmirent ces mêmes idées dans leurs ouvrages, sans avoir le bon esprit de les rendre plus intelligibles, parce qu'ils n'avoient pas eu celui de les approfondir. Chez nous le rhythme est généralement connu et religieusement observé ; et nous regardons même comme un ignorant tout compositeur qui, dans un air de caractère, soit pour le chant, soit pour la danse, débute par une phrase de quatre mesures, et la fait suivre par une autre phrase de trois ou de cinq. N'écrivant point un ouvrage sur la composition, nous n'osons pas nous étendre davantage sur cette partie de la musique, aussi mal expliquée par les Grecs, que négligée par certains compositeurs de nos jours.

Platon explique le rhythme en l'appelant *partie dominante du mètre;* et quelques traducteurs ont rendu ce passage par : l'*ame du mètre.* Platon, convaincu de la nécessité d'observer le rhythme poétique dans la composition de la musique ; refusoit même la qualité de musicien à tous ceux qui n'étoient pas bien instruits dans le rhythme. Plutarque rapporte que l'on avoit inventé de nouvelles espèces de rhythme, qu'on avoit jointes aux anciennes ; et il cite plusieurs poëtes et musiciens qui en étoient les inventeurs. Mais Plutarque s'exprime mal puisqu'il dit : de nouvelles espèces de rhythme, au lieu de dire : de *nouvelles espèces de mesure*.

Les premiers poëtes et législateurs Grecs, regardant le rhythme et la mesure comme une imitation des bonnes et des mauvaises mœurs, firent une loi qui défendit, sous peine d'être regardé comme blasphémateur, de faire entendre dans le temple des chants composés dans de *mauvaises mesures*. S'ils n'osoient pas s'expliquer sur ce qu'ils entendoient par mauvaises mesures, nous sommes assez instruits pour savoir le deviner.

Aristide Quintilien définit le rhythme comme un assemblage de plusieurs temps qui gardent entre eux un certain ordre ou de certaines proportions : *Rhytmus est qui constat ex temporibus aliquo ordine conjunctis.*

M. Burette, dans sa Dissertation sur le Rhythme, dit que *la simple mélodie n'étoit que le corps, et que le rhythme étoit l'ame*. Cet auteur, d'ailleurs respectable, s'est laissé tellement abuser par ses préventions en faveur des anciens, qu'il leur accorde même la connoissance et l'emploi du rhythme *pointé*, dont nul écrivain de l'antiquité n'a fait et ne pouvoit faire mention, puisque le rhythme pointé est une invention des temps modernes.

Les Grecs se servoient du mot rhythme, non-seulement pour exprimer la quantité et la durée des notes d'une phrase, mais pour indiquer telle ou telle mesure, qui se fait sentir dans le vol d'un oiseau, dans la course d'un animal, dans le mouvement du pouls, dans les gestes, dans les figures et dans les pas d'un danseur, dans le mouvement de la respiration; ils l'employoient même en parlant des corps immobiles : par exemple, quand ils jugeoient des beautés d'un tableau, d'une statue, de l'architecture d'un temple, etc.

Les anciens ne se sont jamais doutés de la possibilité de simplifier les systèmes et de perfectionner les principes de l'art. Il n'est donc pas etonnant qu'ils fussent obligés d'employer la moitié de leur vie à apprendre ce que, chez nous, un élève doit savoir au bout de six mois d'instruction. Pour noter leur musique, ils se servoient des lettres de l'alphabet, qu'ils écrivoient au-dessus et au-desous des paroles. Le chant s'écrivoit au-dessus des syllabes, et l'accompagnement de la lyre, de la cithare, de la flûte ou d'un autre instrument, étoit noté au-dessous.

Il ne nous est pas possible d'imaginer de quelle manière les anciens ont noté leur musique avant le siècle de Terpandre (1). Ce fut lui qui, le premier, conçut l'idée de noter le chant de ses vers avec des lettres ou entières, ou coupées par moitié, tournées à droite ou à gauche, doublées ou alongées, couchées horizontalement ou altérées, et modifiées par des points et des accens. Stésichore adopta et suivit cette invention, et il l'employa pour écrire le chant de ses chœurs. (*Voyez* Boëce.) Les successeurs de Terpandre, augmentant ce système de nouvelles cordes ou de nouveaux tons, créèrent aussi de nouvelles notes ; et c'est ainsi que le nombre des signes, dont les Grecs avoient besoin pour écrire leur musique, fut augmenté jusqu'à 1620, dont 810 étoient pour la partie vocale, et les autres 810 pour la partie instrumentale. Avant qu'un musicien fût en état de déchiffrer la

---

(1) Les Lacédémoniens, divisés par des factions et tourmentés par des troubles intérieurs, allèrent consulter l'oracle, qui répondit que leurs maux ne cesseroient qu'avec l'arrivée du chantre de Lesbie. Terpandre arriva, fit entendre sa touchante voix accompagnée de la cithare, et les Spartes, oubliant leurs disputes politiques, s'unirent pour rendre hommage à Terpandre. Sa manière de chanter fut ensuite imitée par d'autres peuples ; et l'on disoit des bons chanteurs, qu'ils chantoient dans le goût lesbien, parce que Lesbie étoit la patrie de Terpandre.

musique grecque, il falloit qu'il connût parfaitement ces 1620 caractères, tandis que de nos jours, pour lire et exécuter la nôtre, il suffit de connoître sept notes.

Croiroit-on que, malgré la supériorité évidente du système et de la théorie des modernes sur les anciens, il se soit trouvé des écrivains assez aveugles, ridicules ou prévenus, pour donner la préférence à ces derniers, et regretter même que nous eussions simplifié le nombre des caractères en perfectionnant le système et l'art de la musique ?

Pour prouver que les Grecs ont effectivement eu besoin de ces 1620 signes et lettres en place des notes, examinons leur grand système : nous y trouvons réunis les trois genres, le diatonique, le chromatique et l'enharmonique ; de même les quinze toniques ou modes connues en Grèce, et dont chacune étoit formée de dix-huit tons. Multiplions le nombre des toniques par le nombre des tons, et nous trouverons 270 : multiplions de nouveau cette somme par le nombre des genres 3, et nous aurons 810 caractères différens. Mais comme le chant étoit noté d'une autre manière que la partie instrumentale, il falloit nécessairement encore autant de signes ; ce qui faisoit en tout 1620.

Nous ne pouvons finir cet article sans donner

SYSTÈME LYDIEN.

CARACTÈRES pour le CHANT.

| Ϛ | Τ | R | P | M | I | Θ | Γ | Ш | Φ | Λ | I | Θ |

CARACTÈRES pour les INSTRUMENTS.

T	Γ	F	G	G	L	λ	Ν	ς	Ϟ	Χ	Χ	Λ
Proslambano.	Hypate hypaton.	Parypate hyp.	Lichonos hyp.	Hypate Meson.	Parypate Meson.	Lichonos Meson.	Mese.	Para Mese.	Trite diezeug.	Para Nete diez.	Nete diezeug.	Trite hyperb.	Paranete hyp.	Note hyperb.

T. I. P. 211.

à nos lecteurs un exemple de la tablature des anciens, qui leur fera connoître combien les caractères de la musique instrumentale étoient différens de ceux du chant. *Voyez* sur la planche ci-jointe les signes ou les notes de la musique lydienne.

Après avoir examiné combien la musique des Grecs étoit imparfaite, nous devons reconnoître qu'ils nous ont transmis une infinité d'inventions précieuses que nous n'avons fait que perfectionner.

C'est à leur génie créateur que nous devons la première connoissance du monocorde, la détermination des intervalles et leurs proportions, une quantité d'instrumens de musique; les différens genres de poésie : tels que la poésie pastorale, attribuée à *Daphnis*, le plus célèbre berger de la Sicile ; la poésie comique, dont *Epicharme de Mégare*, en Sicile, jouit de l'honneur d'avoir été l'inventeur; l'invention de la mimique et celle des chœurs, par *Tisias*, à qui l'on donna le surnom de *Stésichore* (1). Nous leur devons encore

---

(1) Avant lui, les chœurs prenoient leur marche par la droite, ce que l'on nommoit *strophe* ; et puis tournant autour de l'autel et de la statue de la divinité, ils revenoient par la gauche à l'endroit d'où ils étoient partis, ce que l'on appeloit *antistrophe*, pour en repartir sans s'y arrêter, et recommencer une seconde tournée. Tisias fit à la fin de chacune de ces évolutions une longue pause, pendant la-

l'origine de la comédie et de la tragédie, les différens genres de danse, etc.

Nous croyons avoir suffisamment démontré que l'enthousiasme des anciens pour la musique, et les prodiges que leurs écrivains ont attribués à cet art, étoient dus moins à sa perfection qu'aux mœurs de ces peuples, aux préjugés dont ils étoient remplis, et à une religion qui n'étoit fondée que sur l'exagération des esprits.

Qu'on ne s'étonne donc plus de ce qu'avec des connoissances bien plus étendues, nos compositeurs ne produisent point sur nous les mêmes effets. Ce n'est point en vain qu'un auteur a dit, que les sensations des hommes s'affoiblissent avec leurs préjugés.

Remarquons encore que la langue des Grecs avoit l'avantage d'être rhythmique, et de rendre, avec bien plus de vérité que la nôtre, toutes les nuances du sentiment. Ainsi, pour être assuré de captiver les suffrages et d'exciter l'admiration, le compositeur n'avoit besoin que d'observer exactement le rhythme et le mètre de la poésie.

---

quelle le chœur, tourné vers la statue du dieu, chantoit dans une attitude réglée un troisième couplet du cantique, appelé *épode*, et c'est de cette station du chœur que lui est survenu le nom de STATOR CHORI ou STÉSICHORE.

FIN DU TOME PREMIER.

www.ingramcontent.com/pod-product-compliance
Lightning Source LLC
Chambersburg PA
CBHW051902160426
43198CB00012B/1718